明
室
Lucida

照亮阅读的人

REGRETTING MOTHERHOOD

成为母亲的选择

[以色列] 奥娜·多纳特 著

林佑柔 译

北京联合出版公司
Beijing United Publishing Co.,Ltd.

图书在版编目（CIP）数据

成为母亲的选择 / (以) 奥娜·多纳特著 ; 林佑柔译 . — 北京 : 北京联合出版公司 , 2022.1（2025.2 重印）
ISBN 978-7-5596-5771-8

Ⅰ . ①成… Ⅱ . ①奥… ②林… Ⅲ . ①女性－社会问题－研究－以色列 Ⅳ . ① D738.286.8

中国版本图书馆 CIP 数据核字 (2021) 第 247515 号

北京市版权局著作权合同登记号：01-2022-0152

本书简体中文版翻译由台湾远足文化事业股份有限公司 (光现出版) 授权

#Regretting Motherhood: Wenn Mütter bereuen
in cooperation with Margret Trebbe-Plath by Orna Donath

成为母亲的选择
作　　者：［以］奥娜·多纳特
译　　者：林佑柔
出 品 人：赵红仕
策划机构：明　室
策划编辑：赵　磊
特约编辑：赵　磊
责任编辑：管　文
装帧设计：山川制本 @Cincel

北京联合出版公司出版
（北京市西城区德外大街 83 号楼 9 层　100088）
北京联合天畅文化传播公司发行
北京市十月印刷有限公司印刷　新华书店经销
字数 160 千字　880 毫米 ×1230 毫米　1/32　8 印张
2022 年 1 月第 1 版　2025 年 2 月第 5 次印刷
ISBN 978-7-5596-5771-8
定价：58.00 元

出版说明

奥娜·多纳特是以色列社会学家、作家、讲师，任教于特拉维夫大学、本－古里安大学等以色列知名高校，其研究领域为女性所面对的社会期待。《成为母亲的选择》是奥娜·多纳特的第一本国际出版作品，根据她对多位以色列女性长期的跟踪采访写成，以细致的记录和深度的剖析，展现了她们所面临的困境。本书出版后被翻译为近十种语言，并在以色列、德国等地引起热烈讨论，为研究当代女性的生存现状提供了重要的参考。

正文中有关生育环境和生育选择部分的内容，是作者以以色列和西方国家的国情为基础所进行的研究，此点读者自当明鉴。

希望本书中文简体版的出版可以成为一个起点，让更多的读者来倾听女性的心声。

本书由玛格丽特·崔宾－普拉斯协作完成。

“与其问，‘这怎么可能是真的？’我们不如问，‘如果这是真的，应该怎么办？’”

——阿瑟·博克纳

目 录

引 言

“你绝对会后悔！你绝对会后悔没有生孩子！”

上头这句话深深铭印在我的记忆中。那是在2007年，当时我正完成一项研究，研究主题是缺乏为人父母欲望的以色列犹太男女。这些宛如末日预言的话语，一次又一次被抛向那些不想为人父母者的身上，特别是那些不想为人母的女性。就这样,这几句话在我的脑海中持续回荡:她们一定会后悔的，女人会后悔自己没有成为母亲。

这个斩钉截铁的说法困扰着我，我一直在思考这句话。对我来说，我很不愿意在这里使用二分法，果决地认定这就是以后悔作为手段来威胁那些不愿孕育后代的女性，并同时否认世界上可能存在那些生下孩子后才感到后悔，并希望回到没有子女的自由身的女性。

2008年，我开始进行研究。

我的研究从以色列开始——在以色列，平均来说每个女人会生下 3 个孩子，生育率远高于经济合作与发展组织（OECD）成员国的 1.74 个孩子；而后我的研究转向西方国家如美国（生育率为每位女性 1.9 个孩子），以及欧洲国家如奥地利、瑞典、爱沙尼亚或是特别低的德国（1.4 个孩子）。这些低生育率国家的女性在成为母亲这档事上似乎更有思考空间，尽管如此，她们仍需要承受社会压力去做出“正确”的决定并成为“母亲”。

不论在我探究的哪个国家，女性在养儿育女、面临为人母的各种艰苦时，内心的后悔都难以诉诸言语。

我假定造成这种情况的原因是，我们社会领域的视野受到限制，使我们看不到或听不到那些确实存在但并未诉诸言语的事物。我们已经知道，对女性而言，母亲可以是基本而重要的角色，并将为人母与成就感、愉悦、爱、舒适、自豪与满足感联系在一块儿；我们也知道母亲们的紧张与矛盾心理可能会制造无助、无奈、内疚、羞愧、愤怒、敌视和失望；我们同时知道母亲们会自我压抑，从而压制了女性运动及自身的独立程度；而我们也开始愿意理解，母亲们也是人，可能有自觉或不自觉地伤害、虐待甚至杀人的情形。然而，我们仍然渴望这些有血有肉的女性经验不要击碎母亲的神话形象，因此我们不承认母亲们也可能会后悔——也会像我们在生活的其他方面受苦时那样，希望回到过去并做出不一样的决定。无论母亲面临怎样的艰困，她们不被期望甚至不被允许觉得或想到自己成为母亲是个不幸的转变[1]。

不谈及后悔和不愿破坏母亲形象，使得母亲被排除在人类的后悔经验之外。不论是在公开辩论、各学科的理论或是女权主义作品中，几乎没人会提及后悔成为母亲。大多数关于母亲的记述会谈到婴幼儿的母亲的感受和经验，也就是这些女性为人母的初始阶段，而关于较年长孩子的母亲的文献是相对稀缺的，这种情况说明了对母亲们的追踪了解较少。此外，我们也能找到文献谈及那些即将为人母的女性在过渡时期有怎样的不满；然而，关于这些不满的女性的后续追踪却付之阙如，议题也多半绕着坚持不生育子女的"那些女人"打转。根据这些情况来看，似乎连女权主义的论述中也不见重新评估这些母亲的空间，遑论后悔了。

近几年来，网络上几次出现后悔当母亲的讨论议题，但这些讨论的真实性往往受到质疑。也就是说，人们拒绝相信真的有人后悔为人母；又或者，人们愤怒和扭曲地将这些感到后悔的母亲烙上自私、疯狂或有病的印记，并且认为这些不道德的人类恰好证实我们生活在一个无病呻吟的社会中。

自 2015 年 4 月以来，我针对这个议题发表的文章刊登在学术期刊《标志》(*Sign*) 上，之后又接受德国媒体的采访。

---

1 研究显示，后悔包括了想象、记忆、批判和评估的认知方面，以及懊悔、悲伤和痛苦的情感观点。珍妮特・兰德曼 (Janet Landman) 认为后悔是过去的认知经验，或是合乎逻辑的情感，而我试图严格区分这两者时发现，认知和情感往往无法精确地区分开来，因此在本书中我将后悔界定在情感方面。

在许多西方国家（尤其是德国），网络热门标签“后悔当妈妈”下涌起了猛烈的激辩，我们可以在这些争论中清楚地看到这两种反应。

在这些刊物造成激烈争论后，随之而来的是对这些后悔为人母者的大量谴责，然后紧接着是那些后悔为人母的母亲们提出如释重负的声明。此外，许多女性及母亲（数量难以评估）又补强了这些讨论——借由后悔这种形式——她们因为被视为有义务成为母亲而苦恼，又或者是作为子女的主要养育者而苦恼。为人父母者的博客、为人母者的博客、各个社交网络上出现数百篇文章倾诉（最后一次倾诉，又或是再一次倾诉）那些无以名状的感受；而过去他们则为了避免社会大众严苛的批判和评论，选择把这些话默默放在心里。

这些因为后悔而在德国引发的激烈辩论，涉及了“完美母亲”和与之相对的“冷漠母亲”的二元概念，这样的争辩表明我们正面临各式各样需要处理的情感，包括后悔。而这些讨论也同样强调着，当我们试着解决所有疑惑时，还有一些事情仍未浮上台面，有些话语仍然被咬在舌尖上未能说出，也没有人倾听，而那些后悔的母亲仍然是个深深的禁忌。

我的研究从 2008 年持续到 2013 年，最初的目的是要让这些把话藏在内心的人得以倾诉，我倾听这些后悔的母亲陈述，她们来自不同的社会群体，其中有几位已经当上祖母了。

在本书中，我追溯她们成为母亲的历程，分析她们在孩子诞生后的理性和情感世界，勾勒出她们的感受与生命中的痛苦冲突——这样的痛苦来自“她们希望自己能够摆脱母亲身份，但事实上已经成为人母”的落差。此外，我也调查这些不同的女性如何认知这些冲突并如何处理它们。

我不会去确认后悔的母亲本身的生活方式，这类的焦点会让社会大众找到台阶下：如果把后悔视为无法适应母亲身份的个案，并认为这位妈妈应该更加努力，那么就会忽视许多西方社会对待这些女性的方式，或者我说得更精准点——漠视女性的处境。我们的社会非常积极地将每一位身心健康的女性推向母亲身份，却也坐视这些女性落入母亲特有的孤寂无力之中。而原先态度十分积极的社会大众，则不会为此承担责任。因此，后悔并非如过去几个公开辩论中提到的“现象”，这不是在邀你观看由“不正常的女人”参与演出的“情绪化怪胎秀”。如果我们把情绪也视为一种对权力体制的抗议，那么后悔不只是提醒社会不要苛求母亲们的警钟，也提醒着我们去重新审思生育政策，以及我们认为女性有义务成为母亲的观念。我们的后悔来自“当初没选的路”，而后悔的母亲们眼前曾有好几个选择，但社会压力使得她们无法选择其他的人生（例如不成为母亲）。后悔是横跨在过去与现在、记忆与现实之间的桥梁，后悔的母亲们想说出她们被要求记住与忘却的东西，并被要求在这条单行道上继续走下去。

此外，由于后悔是我们对于在人生的每一个交会点做出的决定（或被迫做出的决定），与其结果所产生的情绪反应。因此，后悔的母亲们能帮助我们从一个不同的角度来看待母亲，将它看成一种人际关系，而不是一种天职或一种神圣不可侵犯的领域。在这层意义上，后悔也许可以协助我们推翻过去深信不疑的概念，例如母亲就是不断为他人付出的角色，母亲的幸福只和孩子的幸福紧连在一起。而后我们得以认知到母亲也是独立个体，拥有自主的身体、思想、感情、创造力和记忆，并能判定眼前这一切是否值得。

当我们谈论后悔时，我们在谈论什么？

在某些谈论起后悔为人母议题的国家中，有些有趣的情况：这些关于后悔的讨论主题偏移的速度非常快，很快就从一开始讨论的重点——后悔，转移到母亲的矛盾心理。这种情况可能是因为，尽管后悔的情绪确实是母亲身份中常见的冲突经历，但这个社会要求母亲对此保持缄默。

然而，后悔和矛盾终究是不一样的：后悔可能牵涉到母亲的矛盾心理，但对母亲身份的矛盾心理并不意味着后悔。有些母亲对自己的母亲身份感到矛盾，但并不感到后悔；而有些后悔成为母亲的女性并不对母亲身份感到矛盾。换句话说，后悔和“要如何自在地当一位母亲”无关，而和“成为人母就是个错误”有关。

我认为不该把后悔和矛盾心理混为一谈，而完全忽视这一事实：人们应该倾听那些后悔成为母亲的女性的声音。如果我们跳过后悔，只局限于谈论母亲身份的辛劳，并“克制”自己不去审视“为人母是必然的人生经历且有其价值”这个金科玉律——那么我们将不再有机会了解，这些感到后悔的母亲究竟落入了什么样的困境。后悔应该被视为议题的中心，后悔正源自“成为母亲”这件事。女性能考虑并自主决定要不要生下及养育孩子的空间，其实非常有限。

将后悔置于议题讨论中心，也能够让我们了解那些不感到后悔但在为人母的过程中历经艰苦的母亲的心态，她们被要求不能有“越轨”的渴望，然而她们偶尔也会想要将母亲的身份从人生经历中抹去。如此一来，将重点聚焦在“后悔”来研究母亲身份的方式，将适用于所有受到社会结构影响的母亲；这也可以从另一个方向来了解她们的经验并帮助她们畅所欲言。

鉴于我们所面对的母亲经历非常多元，在我的研究中，界定后悔的第一准则是，这些母亲的自我认同是后悔当妈妈，并积极参与到一个从研究初始就明确命名为“后悔成为父母”的研究当中[1]。

但这不是唯一的标准，因为在我访问这些母亲时，有许多母亲因为有兴趣参与研究而跟我联系。但在和其中一些人谈过后，事实证明尽管她们也经历了为人母的矛盾与冲突经历，却并不确定自己是后悔为人母的，因此我并没有将她们的资料纳入到这个研究当中。

1　在 2008 年到 2011 年间，我也和几位父亲进行了深入访谈，他们的年龄分布在三十四岁到七十八岁之间，其中有一位已经当上祖父。访谈开始后的第四年，我决定将重点聚焦在妈妈们身上，因为我无法更深入地了解为人母与为人父这两个领域的相似性及差异性。

此外还有两个判断准则能够帮助我将母亲身份的困境或矛盾，与后悔区分开来。其一是当我询问这样的问题："如果能带着现在所拥有的认知和经验重返过去，你还会让自己成为母亲吗？"而答案是否定的时候；第二个准则是另一个问题："依照你的观点，成为母亲有任何好处吗？"而我得到的答案是"没有"的时候。有些母亲会坚定地回答"没有"，但有时我得到的答案会是肯定的——受访者认为为人母还是有好处的——然后我会接着问："从你的角度来看，为人母利大于弊吗？"而她们的回答是否定的。

在这个研究中，符合这些准则的女性的后悔经验是非常稳定的，有的人从怀孕以来就后悔，有的人从生完孩子或是成为母亲的第一年就后悔，直到今日仍然后悔。而这些准则也阐明了为什么"我因为母亲身份而受苦，但对我来说孩子的微笑值得我付出一切"和"我因为母亲身份而受苦，而我不觉得世界上有什么值得我这样付出一切"是不一样的。

研究背景

一项研究开始时，如果研究主题使人感到羞耻或者在人群中不常见，那么研究人员往往会发现他们找不到访问对象。

我不知道后悔成为母亲的现象有多么常见，也无从判断，但我可以肯定这个主题绝对是带着羞辱及禁忌的。因此，要接触这些愿意为我的研究谈起她们后悔经历的女性并不是件易事。事实上，这些年里，在我和这些后悔成为母亲的女性接触的过程中，有时她们会在我试着安排访谈的时候切断联系。也有些女性在我们约好访谈的前一天突然要求取消，因为她们害怕直接展现出会遭受指责的情感立场。而这样后悔的感受直到那时为止，都只被她们放在心底而已。

我通过四种方式来接触那些参与研究的女性：第一种方式是在以亲子关系和家庭为主题的以色列在线论坛上张贴公告；第二种方式是在各种媒体与讲座上针对我的研究项目进行讨论及撰文，阐述我作为一个女人却无意为人母的观点，或是谈到我在以色列针对无意为人父母的男女所做的研究（这项研究后来付梓出版）；第三种方式是非正式的口耳相传；最后，我采取了滚雪球增大法，通过那些已经表态愿意参与研究的女性，和那些她们认识、而且也和她们有着相似感受的母亲们取得联系。

开始着手撰写研究成果之前，我和参与研究的二十三名女性取得了联系，其中有一些早在两年多前就已经被我访谈过。我邀请她们选择在研究中被引述时会采用的名字，以下是她们的简历及社会人口学特征。

年龄：这些女性的年龄分布在二十六岁至七十三岁之间，其中有五位已经当上祖母。

民族及宗教：所有女性都是犹太人，其中有五位自认为是无神论者，十二位是世俗派，三位有不同的宗教信仰，三位拒绝给自己的复合宗教信仰贴上标签。

社会地位：有七位母亲自认为是劳动阶级，十四位是中产阶级，两位为中上阶级。

教育程度：有十一位拥有大专或大学学历，三位拥有专业证书，有一位女性在接受访谈时正在攻读商业分析师学位。

薪资就业情况：有二十位曾经被雇用过，其中有部分人在受访时仍然是职业女性；有三位是家庭主妇。

小孩数量：五位女性有一个孩子，十一位女性有两个孩子（其中一位女性生下双胞胎），五位女性有三个孩子（有一位女性生下双胞胎，另一位女性生下三胞胎），两位女性有四个孩子。这些孩子的年龄分布在一岁到四十八岁。在所有受访者的共计五十个孩子中，有十九个年龄低于十岁，三十一个年龄高于十岁。五十个孩子都没有肢体伤残，但其中五个被界定为有特殊需求（自闭症或注意力不足过动症）。有五位女性曾经借助辅助受孕技术怀孕生子。

性取向：有一位女性自认为是同性恋，但曾经与男性交往而生下孩子；其他受访者没有明确说明她们的性取向，但曾经提及异性恋经验。

婚姻状态：有八人已婚或是有长期伴侣，十四位离婚或是分居，一位是寡妇。她们没人在青少年时期就怀孕生子或一开始就是单亲妈妈。十四位并未和孩子的父亲住在一起的受访者中，有三位并未和子女一起生活（孩子们和父亲一起生活）。

对我来说，没有比定性（qualitative）研究——比如深入访谈——更适合探讨“后悔当妈妈”的方法了。理由如下：大多数关于后悔的研究都是量化（quantitative）研究，在实验室设定的假设条件下进行心理实验，接受试验的男女在相同的条件下被要求评估他们会有怎样的感受与行动。虽然这种量化的探究方式已经对在心理学上理解后悔做出极大贡献，但这些研究方法的基础是将参与者与个人经历分离，并将后悔与广大的社会环境切开。

而我的研究则希望加入其他类型的调查，通过倾听那些语句、泪水、提高的音调、愤世嫉俗的语调、笑声、停顿和缄默——在这些女性的观点中，这些充满情绪的话语不仅是情感本身而已，也能作为时间轴及界定这些感受的切入点——扩大信息来源，我们在这些女性的个人历史和社会环境中进行这项调查。

也许有人会问我，光靠调查这二十三名女性的资料有什么科学上的价值？但这项研究和这本书从未打算提出一个代表性的样本，来建立一个普遍化的“母亲”形象。相反，这个研究一开始的宗旨就是勾勒出一个复杂的路线图，让各种主观的母亲经历都能呈现出来，让来自不同社会群体的形形色色的母亲能在其中找到自己的位置。大体而言，这本书刻意不去界定这些母亲的内心世界，而是相信这些女性能够在这些路线当中找到自己的定位。

在这样的研究中，对参与研究的女性而言，像我这样一个从未成为母亲的人有着重要的意义：访谈过程中，不止一次有受访者问我是否已经为人母，而我并未遵循被认为是科学研究的共同准则——一个研究人员不得回答一个针对自己的问题——我给了她们答复。依据我的理解，若我不回答这个问题，对这些参与研究的女性来说是不公平的，对于同样作为访谈现场主体之一的我来说也不公平。我依据自己的判断和感知决定如何与这些受访者交谈。

因此，我回答了，我告诉她们我没有孩子，也不打算生儿育女，而这个答案使我们带着微妙的差别针对这个议题继续展开讨论。一方面，这个答案有时会使这些母亲的脸上浮现痛苦的无奈和羡慕，因为对某些女性来说，我代表着她们在后悔中渴望拥有的形象——不是任何人的母亲。这个形象提醒她们这是她们没能走上的人生之路。另一方面，我的答案也明确表示着：我不会在我们的谈话中或访谈结束后，因为她们后悔成为母亲而给予社会评价；再者，在我的想象中，如果我是一位母亲，我可能会像她们一样感到后悔。因此，访谈者和受访者在理解与想象的相似性中建立了共同语言，哪怕只是一会儿的时间或是一部分的共同语言。

母亲和非母亲的相似性意味着家庭从属身份本身并不能说明什么，本书研究显示了，实际的家庭身份可能会淡化当事人想成为母亲或不想成为母亲的情感态度。举例而言，因为健康因素而无法成为母亲的女性，可能会因为渴望如一位母亲那样去生育子女而倾向于希望有为人母的一天；而已为人母的女性则希望自己不要成为母亲，她们渴望像那些选择不生育子女的女性那样，抛开自己的母亲身份。

“母亲”和“非母亲”的身份差异并不若新闻标题所宣称的那样二元对立。只要能认知到这件事，我们就能打破这个社会的二元分类。因为这样的划分常常会导致有母亲身份的女性和没有母亲身份的女性之间的隔膜与对立，使我们将对方视为敌手并认为彼此之间没有共通点存在。

本书概要

第一章指出，在鼓励生育的西方社会中，社会期待普遍希望女性成为母亲。我们将会看到这些社会期待以两种面貌出现：第一类是“自然论”，基于生物学上的天命，女性除了成为母亲以外不存在其他选择；第二类是新自由主义、资本主义及后女权主义的论述，认为今日的女性比起过往已经有了更多的选择权，而如果有这么多的女性都选择生儿育女，那么，这就证明了她们都是按照自由意志而成为母亲的。

通过倾听这些女性述说她们如何成为母亲，我们将明白成为人母的历程比想象中的要复杂许多，而这样的多样性也许能告诉我们，女性成为母亲并不是那么确切地因为她们想要成为母亲，或者只是因为她们“刚好”成为母亲。

第二章要谈的是“高规格要求的母亲典范”。提到母亲们应该如何当好母亲，她们的行事、思考、外观和风格都有一套严格和标准的规则。母亲们和这些准则、行动及情感立场的不一致，都是用以探究之所以后悔成为母亲的切入点，我们也能借此进一步区分后悔及矛盾心态的差异。

第三章更进一步地探究后悔。后悔一般被认为是有争议的情感态度，尤其是后悔成为母亲一事往往被视为是不正当的态度。这个社会用后悔来威胁女性“若她们不生孩子的话一定会后悔”，并以“向她们保证母亲们不会感到后悔”来确保女性生儿育女，特别是通过描绘女性不可避免地都会在“时间到了的时候”成为母亲的渐进形象，来促使女性成为母亲。然而，母亲们是会后悔的。

第四章要论述的是社会性的承诺。社会认为“残缺”的女性在生儿育女后会成为“完整”的女性，承诺女性在生下孩子成为母亲后会感觉圆满。但母亲们可能会认为母亲身份就如同一个创伤，而且我们会看到这样的感受是无止境的。母亲永远是母亲，即使在孩子们长大成人后，这样的创伤仍然伴随着母亲并导致她们的后悔。

这一章阐述了母亲们作为母亲与希望自己不是母亲的冲突心态的实际例子。例如，在不想有孩子与对孩子的爱之间的拉扯；幻想要将孩子或母亲本身从家庭这个方程式中移除；以有别于主流的方式来安排生活；因为后悔而质疑是否该生下更多孩子等。

第五章探讨的是公开谈论后悔成为母亲的紧张局势。那些不满、困惑或失望的母亲的声音总是会受到限制及遭到谴责。在这样的社会氛围中，本章探讨母亲们为了是该告诉孩子她们后悔的感受还是该在孩子面前保持缄默而天人交战。

第六章则试图指出，如果社会没有忽视这些母亲的后悔，后悔所包含的两个重要的意义。首先，公众舆论认同这样一个假设，认为女性是否满足母亲身份、适应母亲身份及保持情绪上的安乐，完全（或至少部分是）取决于这些女性是在怎样的条件下养儿育女，或者说认为母亲会感到后悔是这些原因造成的结果——被强迫在生儿育女和追寻职业生涯间做抉择，每天在母职和工作机会中奋战，而且获得的社会支持非常少——但我的研究成果对这样的论点表示怀疑。

其次，为了能理解这些后悔为人母的女性并为她们创造更多回旋的余地，我们不该继续把母亲视为一种角色，而应作为一种人际关系来看待，对母亲身份的检视、评估及比较都应该限定在“公共领域”及逻辑法则的范围中。

在这点上，我希望这本书，和我为了呈现各种不同的声音而有意大量引述的受访者的话语，能够为我们——女性，以及母亲，腾出更多的回旋余地，希望这些不想再承受痛苦并坚持讨论下去的人，终有一天能够改变这个社会。而这是我们应得的。

第一章

“这个社会有个真理、有个假设是这样说的，说我们都想要孩子，如果没有孩子的话会很不快乐。而现在，我在这些观念下长大成人。但这不容易，这并不容易。现在我有了三个孩子，我觉得这一路走来真的非常辛苦。我从这个社会获得的信息和我自己的感受之间有着非常大的差异。”

——多琳（有三个介于五岁到十岁之间的孩子）

“女人即母亲。”这句话简洁地描述了人类有史以来的一个跨文化的假定事实：女性不仅是孩子们的主要照料者，她们本身就是母亲。

看看周遭，就能看到许多活生生的例证。大多数女性确实都成为了母亲，但这不代表我们了解这些女性是走过怎样的心路历程才成为母亲的，而且我们也不知道女性在生育子女前后的各种想法。举例来说：有些女性对当妈妈毫无兴趣，她们倾向于避免和孩子们进行常见的交流互动；但也有些女性在情感上不想当妈妈却有兴趣和孩子们相处，因此她们转而从事可以和孩子们互动的医疗和教育事业，或者花时间陪伴家族内的侄儿、侄女或其他孩子；还有些女性不想生孩子，却愿意领养没有血缘关系的孩子；有些女性希望当妈妈，却因为害怕经历怀孕和分娩的阶段而倾向于放弃；有些女性别无选择，因为所属社群的约束力而成为母亲；有些女性不想成为母亲，但想借由母亲身份得到某些好处；有些女性不想为人母，但因为伴侣希望有孩子而考虑生儿育女；当然，也有些女性在回顾过往时无法确定自己为什么会成为母亲。

为了进行这项关于后悔成为母亲的研究——质疑自己是否想当妈妈的情绪态度——了解女性成为母亲的各种心路历程是个必要的起始点。此外，了解她们的心路历程，也能让我们重新思考过去不容置疑的“女性心甘情愿成为人母”的假设，而这样的假设在过去一直被用于诱导女性成为母亲。我们接下来将会看到，这些女性的母亲身份并不能呈现出她们对于为人母的多样看法。

“自然选择”还是“个人选择”

“每一位女性都应该生儿育女”这个社会性假设，一定程度上与自然的生理构造相关。女性的身体具有繁殖力，能够受孕、怀孕、分娩及哺乳，因此社会通过女性能够怀孕与否来评断她们，女性的生育能力也被视为她们生命中最重要的元素及存在于世的理由。她们被视为生命之母，人类借此在生命的洪流中挣扎求生，但这样的评断角度使得女性被困在自然的网罗当中，理所当然地被认定因为她们生理构造上的生殖能力而应该负起生儿育女的义务。她们被动地遵循着宿命而生，此外别无选择。换句话说，就如同许多女权主义作家已指出的，历史与文化概念使得女性处于别无选择的境地，只能遵循生理性别而怀孕生子，而社会运用“自然论”来说服这些女人生儿育女，这样的论调可说是生物学的专制行为。

然而，社会上同时也存在另一个相反的假设，认为所有的女性都渴望成为母亲，这些女性因为自由意志而选择当妈妈;她们积极、明智且理性地走向为母之路，遵循她们绝对自由的意志。每当女性谈及她们面临的困境时，得到的回应往往是:“别抱怨了！这是你的选择！你必须为此负责！”

相对根植于生物学宿命的自然论（认为每个女性成为母亲是个自然结果），认为女性基于内心意愿而成为母亲的自由选择论，是在现代性、资本主义与新自由主义政治下形成的，认为女性有权主宰自己的身体、决策及命运。时至今日，有越来越多的女性能够接受教育并进行有偿工作，能更开放地决定要不要谈恋爱及跟谁谈恋爱，我们的社会认为有更多的女性已经有能力亲自谱写人生故事的主旋律。如果人生是由你的决定而构成，如果人生是个自我实现的传记故事，那么如今的女性被认为能独立行动并拥有众多选择，她们可以像个精明的消费者那样自由地从中选择。

基于自由选择论，我们假设女性之所以成为母亲，是因为她想借此去体验她的身体、自我及整个人生，而且这比她先前的人生历程更好:母亲身份是合理而有价值的验证方式，证明她的必要性和生命力。母亲身份能让女性借此对自己和全世界宣布她是一个女人——通过创造、保护及养育新生命的方式来证明。母亲身份使得女性得以和祖母、母亲联系在一块儿,成为那些从开天辟地以来就开始创造新生命的“女人”

的一员，她从身体上忠诚地实践这项传统，而如今她也能将之传递给后代。母亲身份不只给予她们归属感，也使她们得到文化拒绝给予的特权：她将能够支配孩子，而不是简单地屈服于世界的权威。当女性离开“父亲的家”并建立自己的家庭时，母亲身份将会引导她们成为成熟的女性，通过生殖的经历来修补残缺，能让她们回顾那些被遗忘的孩提时期，像在私人游乐场驰骋一般。女性和其伴侣能够通过两人生下的孩子形成紧密和亲昵的同盟，同时，母亲身份也能激励女性，使她们脱颖而出。母亲身份将使她全心投入、忍受痛苦并满足各种要求，表现出利他主义的善良仁慈并不求回报。母亲身份会消除她的孤独并使她渴望愉悦、骄傲、满足及无条件的爱，这是一个能够让她展现自我的新天地。当女性组成了一个新家庭，母亲身份能提供庇护，让她将人生中经历的忽视、贫穷、种族主义、嘲弄、孤独和暴力抹去，抛诸脑后。通过母亲身份，她将会有无限的可能性，这个身份担保着值得尊重的成熟性、连续性及更美好的未来，使她的人生不至于漫无目的。

这个社会几乎是随时向青春期和成年后的女性给出以上关于母亲身份的承诺。

就另一方面而言，这些承诺也如此裁决那些未为人母的女性——那些没办法受孕和生育的女性是残缺的，因为她们没有完成“天生的责任”。而那些虽然想当妈妈但受到环境限制而未能生育的女性（不希望成为单亲妈妈、伴侣不希望有孩子、经济能力有限、有身体或精神上的障碍）也可能被烙上负面的印记。此外，在众多鼓励生育的国家（如以色列[1]）里，那些不想怀孕、生产并养育孩子的女性，往往会招致怜悯与猜疑，被视为自私、享乐主义、幼稚、声名狼藉、残缺、危险等，他人甚至会怀疑她们头脑有问题。以下是某些人对这些不想当妈妈的女性的标准回应："这些只想到自己自由的女人应该去接受治疗，好好治好她们的毛病。""你的夜生活经验值很快就会爆表，你的眼前只会有计算机屏幕而不会有孩子的笑脸，祝你下半生好运啊！""你是个女人，你应该生孩子。""你实在很冷漠无情。""你自己也曾经是个孩子，不是吗？""去看心理医生。"

这些信息不仅是果断的裁决，也往往伴随着末日预言，宣判那些自愿放弃生育的女性生命空虚并为此受到折磨，担负着后悔、悲伤与寂寞，生命因为缺乏意义而黯淡无光。

也因为如此，认为健康和理智的女性可以按照自己的意志，自由选择让自己不生儿育女是一件很不可思议的事；相反，社会认为女性有义务且应当心甘情愿地在为母之路上取得进展并加以实现。

同样地，女权主义作家揭露了根本不存在"选择"，这

---

1 远在以色列建国之前，母亲身份在公共讨论中就是个荣誉的象征。我们在宗教戒律中也能找到"生养众多"之类的叙述，将女性生儿育女视为义务，而且这样的概念在现今以色列军国主义、民族主义及犹太复国主义领导下的世俗意识形态中也占有一席之地。在发达国家中，以色列的生育率居冠，而以色列社会中另一个生育率的特征是大量运用生殖技术。就生殖技术来说，以色列是全球性的超级大国，比其他国家运用更广泛。

些选择只是一层假象。这些作家告诉我们：尽管人们用自由、自主、民主及个人责任来包装“自由选择”，但实际上，“自由选择”只是空谈。因为这个概念“天真地”忽视了不平等、强迫、意识形态、社会控制及权力关系。社会告诉我们，我们的个人选择使我们过着现在的人生，仿佛我们能够全权编排自己的人生剧本，能全权编写不幸和悲剧；我们深深受到知识、歧视及强大的社会力量形成的道德体（moral bodies）的严格规范，而这些影响了我们所做的决定。

当我们谈到生儿育女及成为母亲时，“女性拥有许多选择”这个概念是非常值得怀疑的：说到自由选择权，在今日的社会环境中，女性真的拥有转圜空间吗？也就是说，我们“自由选择”社会要我们选择的选项？这件事看起来像是这样：只要女人迎合社会的希望及被赋予的优先次序和角色来做决定——例如性开放、外表整齐端庄、处于异性恋爱关系、是专心致志的母亲，我们将获得社会地位，被视为自由、独立、自主的个体，被当作一个愿意尽力履行义务的人。然而，当我们的选择与社会期待冲突——例如说，我们拒绝美容保养，或是拒绝维持一般的恋爱关系（特别是拒绝与男人谈恋爱），那就会惹上麻烦。我们不只会因为我们的行动而受到谴责，也必须面对随之而来的结果，因为“这是你的选择！”，并补上一句，“而且是个糟糕的选择”。

在这样的氛围下，尽管和过去相比已经有越来越多女性可以决定她们要不要生育子女，但她们大多数还是符合预期地“做出正确的选择”——生孩子，而且生下“正确的数量”。

我们可以在许多母亲的证词中看到这种有条件的自由，例如一位以色列著名的模特兼演员这么说道：“我承受着要生三胎的压力……周围的人都在等待我生第三个孩子！每个人都在告诉我，为了以色列面临的战争[1]，我的安息日餐桌旁应该多添一个孩子。”

而一位德国的博主这么说：“即使是在2015年，你周围的人仍然这样看待你——你是个女人，你会想要孩子并且会尽快生几个孩子。这种女性即母亲的社会结构是如此深入人心，使得许多女人因为被施以这样的压力而（无意识地）在某一天生了孩子……‘我不想生孩子’这句话是一个禁忌，我几乎每天都得面对这样的禁忌（尤其是当我到了生物学上适合生产的年龄时），这样的压力无所不在，我的朋友、同事、家庭医生都在问我什么时候打算生小孩、如何规划，还有为什么我还没生小孩！”

然而，从英国经济学家苏珊·希默尔维特（Susan Himmelweit）的观点来看，在决定是否生育子女这方面，自由选择的概念并不一定适用于所有女性及情境，对想有孩子与不想有孩子的女性皆然。也就是说，在今日的现实社会中，仍有一定比例的女性是因为社会制约而生孩子或不生孩子。

受压迫族群的女性及（或）受压迫阶级的女性往往缺乏节育信息或受到误导，甚至被视为没有资格为此做决定。女

1　这里指犹太人和巴勒斯坦人的冲突。

性可能因为受到性侵而怀孕、生产并抚育孩子；在非必要或非自主的情况下，因为压力而决定终止妊娠或实现妊娠；有身体障碍或精神障碍的女性被劝阻而不怀孕生子；而贫穷及（或）非白人女性往往被剥夺（即使“只是在理论上”）组建大家庭的权利。此外，全球各地的女性不断被“应该为了国家利益而用子宫来充实新成员”这种信息轰炸。在众多例子中，可以援引澳大利亚的例子：2004 年，时任澳大利亚财政部部长的彼得·科斯特洛（Peter Costello）呼吁，考量到低出生率及增长的养老成本等国家利益，应该鼓励澳大利亚女性多生孩子。他的口号是这样的，“为母亲生一个，为父亲生一个，为国家生一个”。他要求人民“今晚回家履行你的爱国义务”。鼓励生育的“局外人”两面夹击，一方面采用支持生育的政策和激励措施，另一方面又污蔑不生育的决定，说这是“自私的选择”，就像教皇弗朗西斯在 2015 年裁决的那样。

归根究底，孩子的诞生并非必然的结果，不是因为“自然论”或“自由选择论”。他们的出生很可能只是因为女性别无选择或是不知道还有其他选择。美国女权主义哲学家戴安娜·蒂金斯·迈耶斯（Diana Tietjens Meyers）指出：这是因为我们的想象力受到限制。社会文化的灌输，使女性将成为母亲视为唯一可想的人生剧本，这样的想法渗透到女性的意识中，挤掉其他所有可能的方案。这样“纯粹”单一的想象使你只能做出唯一的选择。

这种精神上的殖民（colonization）出现在来自不同社会群体、走在不同人生路径的女性身上，而且往往隐蔽在“自然论”及“自由选择论”之下，而这些论点都宣称女人渴望成为母亲。

正如我们在研究中能看到的，并非所有女性为母之路的起点都是渴望拥有孩子，或者至少那不是最重要的原因。有些母亲说，她们随波逐流，没什么特别的想法就成了母亲；有几位母亲解释，她们并非因为想要孩子而生儿育女，是出于其他原因；而有些女性远在她们怀孕之前就知道自己不想要孩子，有些人甚至从孩提时就知道她们不想为人母，却因为外在及内在的压力而生下孩子。

随波逐流成为母亲

当怀孕生子象征着常态及人生旅途的必经之路，而母职被视为首要且至高的人际关系时，生育子女就成为理所当然之事。母亲们很难陈述她们想要孩子或不想要孩子的理由。我们无法简单地辨别一个人的内心意志及形塑角色的规范。

森妮（有四个孩子，两个介于五岁到十岁之间，两个介于十岁到十五岁之间）

我：“你还记得你二十六岁之前对于生小孩这件事有什么看法吗？”

森妮：“哦，我对此一无所知。答案很简单，我什么都没想过，我当时从没有过孩子呢。”

我:“那你想要孩子吗?”

森妮:“结婚前我对孩子毫无兴趣,看到孩子就让我觉得恶心(笑)。我讨厌孩子,我对孩子从没兴趣。但是当我结婚后,我开始想象有孩子是怎样的感受,我看到他的家庭成员跟孩子们相处的样子,我试着去了解这些人是怎样的心态,但我还是不了解有孩子是怎样的感觉。我试着去观察并了解。”

我:“所以,你后来为什么生孩子呢?”

森妮:“因为我觉得准备好了,是时候进入下一个阶段了。我希望跟其他人一样生下孩子,而且我觉得这是一件正确的事情,我该完成它,而且这对我和我的婚姻都有帮助,但我实际上并不明白那意味着什么。”

尼娜(有两个孩子,一个介于四十岁到四十五岁之间,一个介于四十五岁到五十岁之间,她已经当上祖母)

我:“你说当时你并不想要孩子,那是什么原因让你决定生下第一个孩子?”

尼娜:“听着,这跟公众舆论有关,在那个年代,偏离常规会让我缺乏安全感。所以我组建了家庭,我跟人交往,有了伴侣,然后有了孩子。这并未经过计划,不是‘这就是我们决定要做的’,而是‘这件事就这样发生了’,它就是发生了,不管对我们来说是不是正确的时机。我们应该晚一点生或早一点生,我们从没抽出时间讨论过这件事。总之,孩子生下来了,没有经过刻意的规划。(中略)我不知道自己是否有勇气……是否有勇气决定让自己与众不同，自觉到自己不想要孩子。”

提尔纱（有两个介于三十岁到四十岁之间的孩子，她已经当上祖母）

提尔纱:“我周围所有人都生了孩子。我身边的人都是年轻女性,她们有的给孩子哺乳,有的推着婴儿车,有的整理尿布,(中略)都是这些事物。这一切将我团团包围，就像个规范一样，而且不只是个神圣的规范，还是个超神圣的规范。你不能谈到这件事，得咬着牙让这些事停在舌尖上。你身处异性恋的世界中，在基布兹[1],没有一名女性不是母亲。不管是结婚的、离婚的或丧偶的，都不是没有孩子的女性。这里不存在没孩子的女性，这是个常态。而且我没想过不生孩子，哪怕只是想想。那不在我的意识中，一点儿都没有。”

对那些“无意识地”成为母亲的女性来说，她们在生小孩前没能权衡后果，也没考虑到有小孩或没有小孩代表什么。有些受访者表示，“我甚至没花上一秒钟去思考过”“事情就这样意外地发生了”“我认为有什么在促使我们采取行动，但我甚至没注意到那是什么”“我没做任何判断”。

1　以色列的集体农场。

斯凯（有三个孩子，两个介于十五岁到二十岁之间，一个介于二十岁到二十五岁之间）

斯凯：“我没想过或考虑过，甚至没试着去理解将一个孩子带到这个世界代表着什么——我是否已经有能力养育他？我是否准备好了？我是否适合当妈妈？我想成为怎样的母亲？我从来没想过这些，而今天让我最吃惊的事情是：我怎么都没去想过这些事情。”

如果我们接受考量成本、效益及后续影响对“选择”来说是必要的，而且也接受所谓的“选择”是有一个以上不会附加制裁和惩罚的选项可选，那么这种不考虑生育可能给女性带来的后果的情况，或者没想过女性是否渴望有孩子的情况，几乎不能被当作“纯粹的自由选择”。就这些情况来说，更接近的说法应该是“被动地采取决策”，人们“只是‘随波逐流’，而且可能不会认真考虑自己的行为会带来怎样的后果，就好像这些后果已经广为人知似的”。

这类没有经过思考或个人裁量的被动决策，或是“无意识地”成为母亲的情况，往往发生在她们所经历的社会常态并未要求她们考虑或犹豫要不要有孩子的情况下。而这类关于审慎考量的看法几乎是隐蔽而不可见的，套句尼娜的话：“总之，孩子生下来了，没有经过刻意的规划。”

母职的无形规范之一是，有一种应该遵循的自然过程。

夏洛特（有两个孩子，一个介于十岁到十五岁之间，一个介于十五岁到二十岁之间）

夏洛特：“我在二十四岁时生下我的儿子，这太可怕了，我不知道这是怎么发生的。在宗教社会中人们结婚生子——这是每个人都遵循的某种路径，而且我从没仔细思考过这个问题。（长长的停顿）因为社会压力，因为每个人都这么做了，在宗教社会中每个人都生了孩子，所以我想都不想地就生了孩子。”

罗丝（有两个孩子，一个介于五岁到十岁之间，一个介于十岁到十五岁之间）

我：“你在成为母亲之前是怎么看待这件事的？”

罗丝：“当我在二十一岁结婚时，完全没想过……‘成为母亲之前是怎么看待这件事’对我来说是毫不存在的。在我们‘已经’结婚两年半时，我们没想太多就决定是时候当爸爸妈妈了。”

我：“所以，你是基于怎样的理由成为母亲的？”

罗丝：“我是在无意识的情况下成为母亲的，丝毫不知道还有思考和讨论的空间。就像我刚才说的，我们‘已经’结婚两年半，我觉得我‘需要’成为母亲。我的丈夫没跟我讨论这件事，也没催促我，那是我的决定。我真是幼稚又不成熟的傻孩子。”

这些访谈内容指出，成为母亲并不一定是自然的母性感召，而是“在人生历程中往前迈进”。

这些关于“自然”及“正常”人生轨迹的想法，使得这些女性从生物宿命论中得到一些力量而成为母亲。不过，异性恋文化逻辑经常影响我们的选择和行动，这些想法很大程度上是基于这套逻辑：它制定出一个单一的人生计划，这个计划有着基本流程，也就是说那是一套明确的固有路线图，上头罗列着每个人必须随着时间推移而跨越的里程碑：求学、工作、同居或结婚、为人父母。

这段关于自然和正常历程的典型叙述，特别着重于什么是“正确”的人生历程及必要行动，以在“正确”的时间点符合每一个阶段的内容，用“正确”的步伐走在“正确”的人生轨道上。

用“正确”的步调“正确”地推进人生历程时，还伴随着某些情感规则，用来决定抵达每个里程碑时要有哪些“正确的情绪”。这套规则认为，到了某些阶段，女性渴望当妈妈的母性就会被唤醒，即使这种为人母的渴望在此之前从未浮现过。但这套准则认为，这样的渴望在生命历程中的某些时间点会自然浮现出来——例如，结婚以后或是同居几年以后——因为女性的年龄和生物时钟会唤起她为人母的渴望。德国记者兼作家萨拉·迪尔（Sarah Diehl）将之描述为“定时炸弹”：“女人们对于害怕无法拥有孩子的恐惧是一致的，因为女人都想成为母亲，就这样。现在我已经三十多岁了，我还没听到我身体里的生物钟节拍……我的身体和我的灵魂都没告诉我那个时刻已经到来了，但社会却给我响了警钟，一次又一次，音量越来越大。”

这些关于时间和渴望的叙述融合在一起，围绕着“女人该在什么时候当妈妈”及“应该要有几个孩子”这类问题打转，而不问女人是否渴望成为母亲及个中原因。在这些问题中，“是否渴望”之类的意愿不在讨论范围内。女人回忆起成为母亲的过程时，往往感到疏离及缺乏自我，就如戴安娜·蒂金斯·迈耶斯说的，社会以冷淡和漠不关心为理由将女性的主观立场排除在外，将女性生子视为一个必然且理所当然的结果。于是人们在缺乏沟通的情况下“随波逐流”，生儿育女不只被视为常规，还被看作是理想——仿佛这没什么好讨论的。

而参与后悔研究的母亲们认为，她们必须说出自己的处境，这样的处境使她们痛苦难忍。

生孩子的理由

就如前面所提到的，在许多鼓励生育的社会中，母亲身份被形塑为一个承诺——成为母亲后的女性会比生孩子前拥有更美好的生活。女性可能会为了获得重生而选择怀孕生子，换句话说，女性可能会为了让自己脱离恶劣的生活环境（例如贫穷、虐待、种族主义、仇视同性恋、性侵害、卖淫、无家可归、监禁、暴力、酒精成瘾及毒品成瘾等）而生孩子。为了获得在原生家庭中没能得到的自由，少女可能会结婚并成为年轻的母亲；而有精神障碍的女性则可能会为了让她们的生命从可耻的污名中解放出来而成为母亲。对许多为人母的女性来说，成为母亲就像跨过一道桥梁，桥梁的另一端是能够接纳她们的社会，她们从遭到排斥及没有归属感的地方走向怀孕生子后的新世界。就像一位母亲叙述的："……在生孩子之前，我因为没有孩子而找不到自己的归属。以前我在下班的午后是不会去公园的，虽然我的朋友都在那里，但我还是待在家里。但现在我很早就会去公园找我的朋友，因为我需要这个，我需要陪伴……现在我跟他们有共同的话题了。"或者，就如同德布拉所说的：

> 德布拉（有两个介于十岁到十五岁之间的孩子）
>
> 德布拉："我认为……为人父母有许多好处，不管是在哪个领域，无论是否出于自愿，身为局外人总是很艰苦的。当你有了孩子，即使在其他方面你并未遵守社会通则，或者说你属于非主流的群体——孩子能够让你成为社会的一份子。在一定程度上而言，我们的生活能够变得更轻松……像是'你什么时候要生孩子？'这种问题在社会上随时能听见。至少现在，当我成了妈妈、履行我的职责后，我就不用站在那个战场上继续对抗。就算你在其他方面没有达成社会要求也没关系，至少在生儿育女这栏上你已经打上'过关'的勾勾了。"

而其他女性之所以生育，可能是为了减轻现在的寂寞或乏味，或是避免未来的孤寂，并借由子女使她们的存在更有意义。正如法国作家科琳娜·马耶尔（Corinne Maier）所说的：“害怕孤单——我因为这个可悲的理由而生下孩子。”

一般大众都能理解这些原因，特别是社会限制了女性的想象及具体的选项。它们同时表明了渴望为人母不代表渴望抚育孩子，而是想要通过母亲身份来改善自己的地位，因为要达到这个目的，生育孩子被认为是唯一可行的办法。

例如，索菲娅就认为生育子女能使她脱离原生家庭的暴力和虐待，是个让她蜕变的机会，使她成为能够创造另一个家庭的成年女性。

索菲娅（有两个介于一岁到五岁之间的孩子）

我：“在进行不孕治疗之前，你是个想要孩子的女性吗？”

索菲娅：“是的，我想要孩子。我的童年过得很艰难，我在原生家庭里经历了肢体暴力，并且一直被忽视。我曾经接受过心理治疗。在孩提时代，我一直以为我不会有自己的孩子，因为我经历了那么多的痛苦。在高中和服兵役期间，我渐渐地与孩子有了接触。事实上，在那些日子里面我一直想以某种方式修复我的童年生活……这件事吸引了我，我很清楚我会成为母亲，而且我会当一个好妈妈。在高中阶段要选择生活方式时，我就知道我非常渴望成为母亲，那表示我会拥有自己的孩子。对我来说这是毋庸置疑的……”

我:“在你想要孩子的时候，孩子对你来说意味着什么？”

索菲娅:“那意味着我的一切，让我的人生有意义，对我来说是某种形式的治疗与修正。我会给他们我未能拥有的一切，而他们会拥有我不曾经历过的童年。但事情完全不是这样！”

不同于索菲娅，贾丝明并不是为了修正过去而想要孩子。事实上，贾丝明想寻找一种能够修复自身处境的方式，而当妈妈对她来说似乎是个解决方法。贾丝明指出,那些决定“该在哪个正确的时间点，从这个里程碑前往下一个里程碑”的社会规范跟女性的年龄有关，而她的个人希望是通过生下孩子来得到平静与安宁。

贾丝明（有一个介于一岁到五岁之间的孩子）

我:“你有发现你想要孩子吗？”

贾丝明:“有，我非常清楚。”

我:“你还记得你从什么时候开始想要孩子吗？”

贾丝明:“即使这样说……我甚至不知道，从现在的角度去看的话，我到底是不是真的想要孩子。这就像你所知道的其他由社会决定的事物一样，当我还是在学校读书的小女孩时，别人会问我:‘你觉得你几岁时会结婚？’问题就是从这边开启的，‘到二十六岁的时候我肯定已经是个妈妈啦！’这是一切的起点，我在不知

> 不觉中就想成为一个母亲了。（中略）时至今日，回想过去，我曾经相信并认为母亲身份会使我完美、使我感到平静安宁及圆满，就像我回到了家一样。于是我有了孩子，毕竟所有人都会上学、服兵役、得到学位、工作、赚钱——这一切都是为了生孩子。我知道这是个社会观念。（中略）而且一般不止一个孩子，但我们因为经济原因只生了一个孩子。（中略）你知道，我想，就因为这样，我会生孩子，然后以为我的心灵能够得到平静，但没想到我不仅没能得到平静，事情居然变得更加混乱。”

许多女性与我分享她们的渴望，她们在母亲身份中寻找她们失去的事物，却将“成为母亲可能让事情变得更糟”的可能性抛在一旁。

她们这样的渴望，部分归因于为了符合社会对于生育子女的常规，但也可能反映出（我称之为）制度化的意愿——一种在个人希望及社会期望交融下形成的意愿。这种制度化的意愿可能是实际上的感受，从身体和精神上让她们真的想为人母，这往往是因为女性将社会赋予母亲的相同形象内化成了意愿。这种形象关闭了女性通往其他可能性的门扉，并打压任何其他争论、质疑及挑战既有的“成为母亲是唯一能够改变事态的方式”的替代路径，在过去或现在都是如此。

不情愿的“母亲”

鼓励生育的社会可能会让女性难以认知并意识到：她不想成为一个母亲。这使得她们不符合普遍的制度与规范，因此，即使女人认知到她们不想成为母亲，还是很难明确地表达出她们的不愿意。因为在不同的社会及社群中，不为人母并不是普遍的情况。不愿为人母的女性并非只出现在某些特定群体中（例如：白种人、世俗化、受过教育、中产阶级的女性），她们可能只是比较有条件表明自己的态度而已。而那些受到各种形式的忽视及压迫的女性，则难以在不被严厉指责的情况下表达她们的不愿意。换个说法，来自各个社会群体的女性都可能不想成为母亲。然而，表达这个想法并依此来生活，对于处境较优越的女性比较容易。事实上，只要女性可以选择不当妈妈并拥有话语权，我们往往可以看到许多人认为当初自己选择成为母亲，是因为被迫改变了自己的初衷。

莉兹（有一个介于一岁到五岁之间的孩子）

莉兹：“我还年轻的时候就很清楚，我不会有孩子。（中略）我是经过理性的思考而决定要成为母亲的，我的子宫并没有为了想当妈妈而一直尖叫（笑）。我不用生孩子就觉得自己已经很圆满了！我之所以说生孩子是个理性的决定，是因为虽然我很快乐而且生活一切都好，但我想，也许自己该体验另一种人生，所以一头栽入某种冒险中。（中略）人们总是说：‘当你生下自己的孩子时，你就会有不同的看法。’但事实并非如此，我不适合当妈妈，让我告诉你吧，我从以前就知道这件事，让我把这件事讲清楚：‘我一直都知道自己为什么不想生小孩，而且在生了小孩后这个想法依然没有改变。’”

欧德雅（有一个介于一岁到五岁之间的孩子）

欧德雅：“我从来都不想要孩子……我记得很清楚，从很小的时候——可能是六岁或七岁的时候？我不确定——在其他人花时间陪伴孩子们的时候，对我来说那是场噩梦，非常恐怖，我不喜欢这件事，完全不喜欢。我从小时候就害怕有孩子以后会发生的事，从没考虑过要生小孩。”

依据莉兹和欧德雅各自的说法，她们从非常年轻的时候就不想当妈妈。但事实上她们两位现在都有孩子，这说明了在她们的人生历程中，有什么力量改变了她们不想当母亲的初衷，让她们偏离了最初的想法。她们指出，当不想当妈妈的主观愿望和社会价值观碰撞时，不当妈妈对自己来说将是个灾难性的损失，而且这会持续困扰她们的余生。或者这么说吧，“不当妈妈”不在她们可以选择的选项当中。

社会认为，从小就不想为人母是种“偏向”，这些人迟早会随着时间而回归主流。而在这样的碰撞下，那些人不想成为母亲的意愿将会被削弱并淡去，最后终能面对社会的期望。

然而，这些母亲的后悔显示了她们不想为人母的渴望并未被抹去，从这个意义上来说，正如我们接下来要看到的，后悔彰显着这些母亲对自己的理解。

有些女性之所以在没有环境干预的情况下，与自己最初的愿望渐行渐远（虽然不想为人母，但还是生了孩子），是因为来自配偶的直接干预。两个共同生活的恋人在面对共同的未来，以及为人父母的梦想时，当然会有不同意见。有时这样的意见分歧可能导致他们决定要分开；有时为了确保双方关系的延续，孩子诞生了；有时，当未出生的孩子被用作有力的示威手段时，家庭就成为恳求、勒索、威胁和强迫的竞技场。

尽管这个社会宣称，男女间的伴侣关系日渐平等和对称，但这个“设想中的”平等对称并不一定反映在现实当中。这意味着不同的权力结构——明显的、潜在的、看不到的——往往在伴侣之间形成，证明性别不平等仍然是存在的。

多琳和伊迪丝都受到明显的压力，这样的压力显示在冲突中，以及她们尝试改变自己不想为人母的看法中；而另一方面，德布拉受制于潜在的压力，这样的压力并未以冲突的形式出现，而是表现在优先考虑满足伴侣的需求和愿望。她为了避免双方的关系产生风险，选择在一场谈判真正开始之前就抽身退出了。

多琳（有三个介于五岁到十岁之间的孩子）

多琳：“从我们结婚那天开始他就没有停过……让

我承受着可怕的压力，甚至到了这样的程度，‘好吧，如果我们不试着怀孕的话，就离婚吧！’（中略）然后我说：‘好吧，我不想离婚，我们来生孩子。’但是我一直以来都觉得我不想生孩子……我从没有当妈妈这种神圣的想法，也不觉得那是女性的特质……噢不，那绝对不是。”

伊迪丝（有四个孩子，两个介于二十五岁到三十岁之间，两个介于三十岁到三十五岁之间，她已经当上祖母）

伊迪丝：“我当时的想法就错了，还生了孩子……因为当我们要结婚时，医学院已经接受我的入学申请，而他告诉我：‘听着，如果你打算学医的话，我们就离婚吧！因为我想要孩子。’而我像个白痴：‘你说要离婚是什么意思？所以呢？所以我不该去学医？那无关紧要吗？’（中略）我觉得我被困在婚姻当中，受制于他，我的意见一点都不重要。（中略）我的工作就是取悦他，也许婚姻会让他更爱我？每个孩子出生的时刻都是美妙的，我的伴侣会变成世界上最快乐的人。”

德布拉（有两个介于十岁到十五岁之间的孩子）

德布拉：“我不想要孩子，那是我为了延续我们的关系所付出的代价……事实上，我知道自己对家庭和母亲身份一点兴趣都没有，那跟我无关，是不属于我的世界。每一部分都非我所愿，那些事物距离我的世界太遥远了。”

无论来自配偶的压力是明显的，还是潜在的、不可见的，都维持了受益者是男性的传统性别状态。女性不想成为母亲这种愿望是不予考虑的，其他家庭成员的利益会被优先考量。她们的伴侣成为预报孩子诞生的信使[1]，与她们调解并传递“新生儿降生的神圣信息”。因此，我们的讨论着重于家庭里的权力结构，有时连未出生的孩子都会成为权力和谈判的手段，导致双方为了保持和延续关系而进行决策。

此外，前面所提到的多琳，一开始不想要孩子，但因为丈夫的施压而同意生孩子。她描述了在此过程中她的意愿遭到忽视，并且遭到强迫。引述她的说法，这根本是被强奸。

> 多琳（有三个介于五岁到十岁之间的孩子）
>
> 多琳：“我的意思是，我不想要第二个孩子。而当我发现怀了双胞胎时我觉得自己快要疯掉了，太可怕了，这是强奸，简而言之，是强奸，这件事居然发生了。”

这种家庭中的无止境的劝说，以及不断的威胁而迫使她们为人母的经历，对许多女性来说是个不为人知的共同现实。

这个社会认为那些并非因为“实际的”性侵（例如通过实体的强迫性行为）而受孕的女人都是自愿怀孕，都是顺从她们的渴望与希冀，而这样的信息所导致的结果是忽视当事人的意愿。然而，有数目未经统计的女性可能会生下孩子，

---

1 《圣经》中，天使加百列向圣母玛利亚预报耶稣的诞生。

这些孩子是从生物学和社会学的角度怀上的，但违背了她们自己的意愿。在生命的某一个时刻，她们被迫务实地在（从她们的角度来看）一个坏决定（如生孩子并成为母亲）及另一个更糟的选项（例如离婚或是流离失所、遭到家族或社会的谴责、失去经济依靠）之间做选择。

我并不是第一个指出“同意”和“愿意”有所区别的人，性别领域的其他研究人员断言，这些词或概念意味着性关系中的权力关系，因为同意性交和想要性交是两回事。在多琳所提到的这个交叉点——性创伤和生育暴力——上，我认为应该非常小心地去看待“同意”和“愿意”之间的区别，这样才能更精确地理解这些女性的现实生活。她们为了某些目的而同意成为母亲，但她们本质上并不愿意。

总之，这些女性成为母亲的历程很清楚地告诉我们，女性非常明白为母之路是否是她们一心追求的，或只是随波逐流的，又或是遭到强迫的。通过亲身体验，她们知道：只有少数人能像新自由主义和资本主义社会所说的那样，亲自谱写人生故事。在某种意义上，有选择和没有选择是模糊不清的，无法考虑更多主观经验，现实往往交织着不确定性、犹豫、困惑、矛盾、百感交集、运气和随机性。因此，将成为母亲这个变化仅仅看作是女性自己成为母亲的渴望所带来的副产品，将会继续产生并维持错误的印象，而这种印象正在恶性循环中一次又一次地被用来说服女人当妈妈。

第二章

“毋庸置疑，我确实是个很棒的母亲，我真的是个好妈妈。但当我这么讲的时候我觉得非常困窘,我的意思是，作为一个母亲，我的孩子对我很重要，我很爱他们，我尽一切努力让我的孩子受好的教育，我尽力给他们温暖和爱。(中略)尽管如此，我讨厌当一个母亲，我真讨厌身为一个母亲。我恨这个角色，我恨这个角色给我设定的边界，这让我精疲力竭，我恨这个角色让我失去自由和自发性，事实上这个角色限制了我……”

——索菲娅(有两个介于一岁到五岁之间的孩子)

这个看似单纯的事实是所有母亲故事的基础：每个来到地球的人类都是从女性的肚子里诞生的。

每个人确实都是由女性所孕育出的，但没有一个女人一生下来就是母亲。女性是生下人类后代的载体，这可能是一个既定事实，但不能因此强制要求女性承担起照顾、保护、教育，以及其他相应的责任。也不能以此为理由，在生母没有能力承担养育的职责时，强制要求其他女性（而非男人）来替代承担养育的职责。

虽然这不是国家的强制义务，但这样的性别分工仍然固执地存在于社会，往往被视为理所当然，而且通常被认为和女性能够生育后代的生物学构造相关。换句话说，“女性的天性”这个描述（用来为“女性有义务为人母”这个说法开脱）也用来姑息“女性具有先天的母性”及“女性拥有天生的照护技能”这种概念，用来促使女性而不是男性来养育及照顾孩子，不论是亲生的或是领养的。“你不必去学习母性，因为母性已经是你的一部分，铭刻在你身上，让你照顾孩子、为孩子担心、和孩子亲近。如果你现在感觉不到母性，不要紧，母性会随着怀孕和分娩来到你身上，那种责任感和爱是非常自然的，你的生活重心会完全改变。虽然你的生活会起很大的变化，但那其实无关紧要。”

这种严格的性别劳动分工是19世纪的产物，当时的工业革命使得家和家庭转型：“公共领域”成为理性、进步、实用和竞争的象征，而“私人领域”的“家庭小飞地[1]”则有着截然不同的象征。家庭和情感联系在一起，特别是温暖的情感，比如爱、利他主义、同情和关怀。男人被分配到家庭之外进行有偿工作，中产阶级女性则被分配到“私人王国”中进行无偿工作，作为无私付出的妻子和母亲，她们必须为挚爱之人维护一个安全的港湾。

因此，从19世纪以来，民族主义、医学化、异性恋霸权、父权制和资本主义意识形态正在携手合作，以继续维持这样的性别劳动分工。因为“女人即母亲”是个重要的制度，没了这个，整个体系可能会分崩离析。支持者一次又一次地强调，这样的分工从定义上来看是很自然的，所以必须延续下去。为了保证事态不会改变，支持者也承诺这样的划分不仅会让世界更美好，对女人和孩子也更有益。

当女人和母亲身份被绑在一起时，另一件事也同样被捆

1　飞地，enclave，在一国境内却隶属另一国的一块领土。

绑上去了——对“怎样当一个妈妈”的各种严格规定。尽管母亲们并非都以相同的方式、相同的条件来培育和照顾孩子，这样的规定与期待也完全没有必要。

好妈妈、坏妈妈

当妈妈可不是一项私人事业，它始终被无止境而彻底地视为公共事务。

这个社会每天都告诉女人，她们因为本能天性而拥有这样的母亲天职。但同时，这个社会又决定了她们该以怎样的方式来和孩子建立关系,以成为人们和卫道士口中的“好女人”和“好妈妈”。

因此，那些镶嵌在西方社会的公众想象力中的模板所呈现出来的，就是育儿几乎完全是母亲的工作。这种普遍的模板宣告了为人母者应该以孩子为中心、耗费时间培育孩子，而母亲被描述为发自天性地牺牲自我、不断地完善自我、拥有无止境的耐心并致力于以各种方式照顾他人，几乎是要求她忘记自己的人格与需求。而孩子们成长为一个和母亲有所区隔的个体时，过程中或多或少会遭遇困难，同时母亲的身份也在改变。她们一开始是扶着孩子头的母亲，然后是推着婴儿车的母亲，之后变成挥着手的母亲，接着是伸手等待被握住的母亲，但她们总是母亲。她们的发展是纵向的，而孩子则是远离她们的“横向”发展。

但这并不表示母亲们实际上都能做到这个地步。母亲们之间存在着显著差异——从个体差异到社会差异（如婚姻状况、种族、阶级、精神和身体障碍）——但许多西方社会致力于这样高要求的母亲形象，即使这些形象仍有些分歧，母亲的崇高身份仍然是标志性的。

此外，社会曾一度要求“好妈妈”要像圣母一样，象征着神圣、纯洁、无性的人格。而自20世纪80年代后，社会要求这个母亲人格（特别是年轻、白种、中产阶级的母亲们）要作为性感和被欲求的对象，就如同以下这些词：“我想上的妈妈”“可口的妈妈”“性感辣妈们”。这些关于母亲的新表述并不代表社会真的认为她们的肉体很迷人，而是说她们作为性幻想对象变得越来越有魅力，同时说明了社会正在赋予母亲形象“应该拥有一切”这种额外的神话幻想。在今天看来，这似乎已经是必然的趋势。一个女人不该“只是”母亲，如果想获得认同，还该有个职业，在少得可怜的休闲时间里去幼儿园或学校；尽管累得要死还是要展现性感。“我是个婊子，也是个好情人；我是个孩子，也是个好妈妈；我是个罪人，也是个圣人。”创作歌手梅雷迪思·布鲁克斯（Meredith Brooks）的歌词扼要地说明了这些矛盾之处。

在这种情况下，现今严苛的标准是：女性的身体——怀孕时、刚刚生产完，以及在之后的多年中——必须在美貌与性态上符合同样的异性恋标准。她们的身体没有一刻是自由的，从保养美容到表现出某种程度的性感，而这种性感与她们自身对于“性感女人”的定义可能是不同的。也就是说，母亲被如此要求是因为这些对他人有益，而不是为了她们自己，尽管母亲本身可能也有性欲望及性需求。

社会不只规范女性的外貌和言行举止，还规范她们的情感。也就是说，有一套“对这个社会环境来说什么样的感受是恰当的，什么是不恰当的”情感规则，社会会给予“好女人”和“好妈妈”以奖励，诸如荣誉、敬重和接纳。

因此，虽然母亲们被孩子激发出的情绪并不相同，她们的感受也会因为孩子的表现、时间、空间及可获得的援助而推移改变，但社会对她们的期待是——如果母亲们希望被视为“好妈妈”，她们的感受必须是始终如一的。社会要求“好妈妈”要无条件且毫无保留地爱着孩子（否则就是不道德的）；社会要求女性要如同圣母玛利亚一般，如果不能在孩子出生后就马上成为圣母，至少几年后也要到达这样的境界；如果为母之路并非繁花似锦，那母亲就要扛起这些痛苦，享受这些煎熬，把这些苦难视为生命中必要且不可避免的过程。

以下是一个男人写给一个后悔当妈妈的女人的内容，充分说明了这个社会怎样要求母亲应该有怎样的感受：

> “别再抱怨了，最好别再像个孩子一样抱怨个不停，试着对你的母亲身份抱持感激并去享受它，这很难吗？去请个保姆或是找个老太太帮你，你永远不知道这对你会多有用。享受你的生活，别让你的小王子控制你的生活，否则你会一直抱怨下去，然后搞砸孩子的生活，他会长成一个跟你一样被宠坏的孩子。还有，你可以

等着瞧你接下来会有多么快乐，而当你像其他人一样忘记这有多艰难时，就是你想生第二个孩子的时候了。”

或者就如另一个对后悔当母亲的女人的回应：

“嗯，至少她们勇敢地成为母亲了，在这点上她们是值得尊敬的。当个妈妈当然会有疲惫和沮丧的时候——因为这并不是件容易的事，但是这些都会过去的，日后她们回顾自己的人生时，会感到自豪。我们这一代几乎不再懂得如何让自己度过低潮并且忍受它，然后从中得到别人所没有的快乐与满足感。”

在这层意义上，母亲们的情绪都应该按着社会文化的时间表和历程来，社会决定了这些母亲应该要有怎样的感受，也规定她们必须记住和忘却的事情：以上两段话都在安抚这些母亲，如果她们能够抛开这一刻的感受，随着时间的推移，在未来定能获得喜悦。但事实上这些听起来像是社会为了维持生殖后代的传统，需要确保广大的女性，特别是所谓的“好妈妈”，将痛苦的时刻从目前的生活和记忆中抹去，以便让她们“继续努力”。也就是说，生更多的孩子，并以“正确的方式”养育更多的孩子，都是为了维持某种“产业和平”（industrial peace）。因此，只有让受苦的母亲保持沉默、不“小题大作”才能维持这样的和平假象，让这一切看起来如此美好。

时间与记忆

西方现代文化奠基于资本主义和工业意识形态之上，我们想象中的时间是线性的、标准的、绝对的，时间的流逝是不可逆转的，宛如一个坚不可摧的箭头：沿着一个轴线推进，距离那些无法改变的过去和历史越来越远，走向一个开阔而连续的未来。因此，许多人每天早上醒来时都认为自己正走向下一个阶段，朝着彼方的最终目标前进，而前进的形式可能以“在职场获得晋升”“赚更多的钱”或“让我们的生活走向一个更好的状态”等方式呈现。我们可以在犹太-基督教传统中找到这个概念的根源，这个世界的诞生与终焉是一个线性的发展，一个关于拯救和赎罪的故事，而我们可以在这趟旅途的终点找到人生的意义。

而讲到时间，自出生以来的生活经验告诉我们，要将时间之轮推回过去是十分荒谬的：已经燃烧殆尽的灰要变回原本的木头、已经凋萎落地的叶子要重回枝头展开鲜绿的模样、生锈的旧车要重新变回闪闪发光的豪华轿车——在社会生活甚至在我们的集体想象中，这样的逆转是不可能的。

这样的线性时间概念已经深深嵌入到我们的日常生活中。随着时间的流逝，从过去到现在发生的一系列事件构成这样的线性时间观，生命之钟滴答作响——我们的人生似乎有着节奏和方向。因此，许多人相信人生有着所谓的“适当的时机”来实现我们立下的“必须”完成的目标——例如，第一次做爱、结婚，或是生孩子。

这些关于母亲情绪感受的规范，并不只是来自外部，来自那些坐着闲聊、顺便扔出几句带着责备意味的建议的群众。这种严苛的母性模板还被女性内化为自己的一部分。我们可以从这些仿如“母亲应该有什么感受”和“母亲应该怎么表现她们的情绪”的证词中，了解到这种内化的程度：

提尔纱（有两个介于三十岁到四十岁之间的孩子，她已经当上祖母）

提尔纱：“我会做该做的事情。我会打电话，表达我的担心，当然也表达我的挂念；我做出感兴趣的样子，我看望他们，邀请他们来度假，我做了所有该做的事情，像演戏一样——但这真的、真的不是我想要的。我会去看望与我有血缘关系的孙子孙女们，但我其实对这一点兴趣都没有，那真的不是我想要的。当我尽义务时满脑子想的是：‘这一切什么时候才会结束，让我回去好好睡个觉或是读一本书，看部好电影或是听听广播节目啊？’我对这些事情更有兴趣，这些更适合我。我喜欢在花园里工作，在院子里耙树叶……这些更像我想做的事情，直到今天依然如此。”

斯凯（有三个孩子，两个介于十五岁到二十岁之间，一个介于二十岁到二十五岁之间）

斯凯：“当我女儿想来找我时，她打电话给我并登门拜访，而我一直都很热烈地回应她：‘哇！太棒了！

我想死你了，等不及想见到你啦！’但事实上并不是这样……这是某种形式的表演。我甚至没办法骗自己。”

娜奥米（有两个介于四十岁到五十岁之间的孩子，她已经当上祖母）

娜奥米：“我做那些例行的公事——比方说，他们每周都会来我这儿，然后我煮晚餐；我为他们的生日准备礼物；每隔一段时间就看看他们。我为了合乎社会标准而做了这些合乎社会标准的事情，如果这是所有当祖母的人会做的事情，那我就会去做。我不觉得自己想要去做这些事情，对我来说，合乎社会规范这个理由比当个好祖母或好妈妈还要重要。”

这些女性使用“演戏”“表演”“做出样子”“骗”之类的字眼，可能意味着她们为了被视为“好妈妈”，从而表现出“一个母亲该有的感受及情感行为”，表现得像是社会所期待的母亲应该表现的样貌（即她自己被期待能表现的样貌）。她们出于责任感而表现出标准化的母性感受及行为模式，但她们的实际感受和社会期待的祖母及母亲的形象，差了十万八千里。

这些后悔成为母亲的女性，其情感立场导致她们去模仿、引述、表现得像个“好妈妈”，但并不只有渴望自己没有母亲身份的女性会那样做。许多记述之所以没有提到这些表现“好妈妈”的策略，是因为大多数人认为母性是发自自然的，母亲的身姿是女性天性的一部分。但事实证明，对当妈妈而言，光是生育子女是完全不够的：她必须要表现出“正确的”妈妈的样子，并尽力完成母职才行。

法国哲学家傅立叶说：“有压迫的地方就有虚伪做作。”的确，这些参与研究的母亲，其用词显示了她们试图假造出“正确的”母性感受及情感行为，以便让自己符合那些要求刻板的母性典范。就像巴莉所说的：

> 巴莉（有一个介于一岁到五岁之间的孩子）
>
> 巴莉：“人们问我‘你有多喜欢当妈妈？’我只能对此强颜欢笑，不然我能怎么回应？说我非常凄惨？还是说这很艰难？或者说我很想我妈妈？”

就个人层面来说，这样的伪装是一种自我防卫，以维持个人生活的稳定；而就社会层面来说，这种做法是个在政治上有用的幻象，可以让人们维持“母亲会有怎样的感受和行为”的认知，认为这是个自然和精确的准则，母亲们都应该按照这样的准则表现出应有的样子。

> 马娅（有两个孩子，一个介于一岁到五岁之间，一个介于五岁到十岁之间，受访时怀有身孕）
>
> 马娅：“我记得在我女儿出生以后，所有已经为人父母的亲戚朋友都跟我谈起我接下来要面临的困难和挑战，他们说：‘但这真的很有乐趣，对吧？’我只能说：‘呃……是的……这真不可思议……真奇妙……’（中

> 略）没人知道我真正的心思。也许我不算是个值得赞扬的母亲，但我好好照顾了我的孩子，养育他们并疼爱他们，我不会让我的孩子因为情感上的忽视而痛苦。所以，没人能得知我真正的想法，而如果没有人能够察觉我真正的想法，那我们当然也没办法察觉其他人真正的想法了。”

这些情感法则已经成为对母亲们严苛要求的一部分，同时也忠实维护着“正确”的“好妈妈”形象。这样的“好妈妈”形象迄今为止存在于大家的想象中，而人们不想冒使其他人感到震惊的风险。

在社会期待的“好妈妈”形象以外，社会也勾勒出“坏妈妈”的轮廓，以这样的“好妈妈”“坏妈妈”的形象将女性分门别类。

当母亲们并未根据这个模式所规定的道德准则走——不论是自愿如此或是身不由己、处于生活环境的重压之下。她们很快就会从内到外都被贴上标签，她们被认为是能力有问题的“坏妈妈”、是道德和情感上有问题的叛逆者。当发生以下情况时，人们会认为母亲们没有“爱心”：当她们在生产后“太快”或是“太迟”重回职场，或者再也不回职场时；当她们不喂母乳或者喂的时间太长、哺乳时太“公开”时；当她们“在家教育”自己的孩子，或者有些母亲（不论是否是单亲家庭）需要长时间离家工作而被指责疏忽了对孩子的照顾时。此外，单亲母亲、仰赖社会救济的母亲、新移民母亲、女同性恋母亲（这些身份通常是重叠的）往往会被更加严格地检视。就一定程度来说，医疗机构、教育机构、心理机构、法律论坛、媒体、广告业和流行文化会检视这些母亲，尤其会聚焦在未婚且并未从事有偿工作，而是仰赖公共援助来养育孩子的母亲身上。

因此，社会给这些女性贴上“坏妈妈”的标签，并不只是因为她们做了什么或没做什么，而是因为她们在什么样的条件下当上妈妈，也因为她们的身份。如果她们贫穷且（或）没有受过教育且（或）非白种人且（或）不健康（不管是精神上或身体上），大众会怀疑她们是否有能力生养子女，会批判她们的决定，认为那样的决定对孩子和（特别是）整个社会都有着潜在的危害。这使得她们被置于严格的监视之下。

在许多国家，我们可以从婴儿食品或尿布的广告中看到，人们认为什么样的人是“好妈妈”,而在这些广告中出现的“好妈妈”往往是白人女性。也就是说，这些广告不只营销产品，它们还把所谓的“好妈妈”具体化，告诉大家什么样的人有能力以“最符合健康需求”的方式养育子女。

社会建构起“坏妈妈”的形象，不只是规范母亲的行为或身份，还延伸到母亲的感情世界中。那些感觉痛苦、愤怒、失望和沮丧，并把这些感受表达出来的女性，被视为能力有问题的女人,没办法履行她们“真正的使命”。即使到了今天，我们已经看到更细致入微的母亲写照，比起以往也有更多的母亲能够更常态地表达她们遭受的困难和痛苦，因此我们能够更自由地研究并进行公开讨论，但母亲身份仍然被困在人们的集体想象当中。公众仍将母亲身份视为温暖和温柔照料的象征，与人际冲突无关。

过去两个世纪以来，社会对母亲的期待越来越高，无数母亲对自己的期望也越来越高，并深深陷入由感情、内疚、自我分析及矛盾心理交织成的阴影世界中。在这种矛盾下——尽管这样的矛盾心理伴随着我们所有的人际关系——社会似乎只能忍受母亲们抛出一种答案："我爱母亲这个身份。"

"有问题"的母亲

> "尽管我相信对母亲身份有着矛盾心理是十分正常的，尽管每次我写的东西都会遭到否定，但仍然有股近乎痛苦的冲动让我想发表下列免责声明：'我当然爱我的孩子胜过一切。'这是我真实的心声。"

从一个女人变成母亲的那一刻起，就激起了她对全新的现实生活的反应。由于普遍性的"好妈妈的样貌、表现及感受"的共同认知、由于她现在得对另一个人的人生负起责任的这个"简单"事实、由于长期育儿的成果充满不确定性，她的身体和生活可能转变成充满复杂情绪的人际冲突的中心。此外，这种动态的冲突经验——随着孩子不同时期的成长及每个孩子间的个体差异，有时母亲的感受几乎是时时刻刻都在波动——可能和被剥削的感觉有关。女性一方面活在“妈妈知道什么对孩子最好”的规则下，另一方面又常常被指责为过度关心或过于疏远：要么过度主导和保护，要么过于冷漠和疏离。这主要是因为，一般来说，她是唯一陪伴孩子童年的人，或者她是唯一一个会被指控缺席孩子童年的人。

这些指责可能会加剧母亲们的矛盾心理，也就是说，同时存在的情感，例如想依赖和想分离、恨与爱、在渴望亲近的同时也渴望分离、和谐与冲突。美国作家艾德丽安·里奇（Adrienne Rich）对此下了一个完美的脚注：“我的孩子带给我人生中最强烈的痛苦，那是种爱恨交织的矛盾心理——激烈的痛苦、焦躁，与充满喜悦的满足和温情交替出现。”

但是母亲自身和她们周围的人可能会怀疑这样的自我认同，因为他们生活在一个无法想象这种双重情感实际存在的世界中：“我很难相信母亲们所谓的矛盾心理。即使我已经针对这个主题写了一本书，但我还是常常怀疑矛盾心理是否真的存在。这是不是母亲们因为憎恨她的孩子而编织的借口？我是否正在给母亲们的矛盾心理找理由，来提供空洞的宽慰？（中略）我们发现很难真正接受自己既爱着也恨着我们的孩子。所谓母亲的矛盾心理并非是用来缓和她复杂心情的镇静剂，而是所有母亲内心共有的复杂而矛盾的心理状态：对孩子的爱与恨是并存的感受。然而大多数母亲的内疚源自矛盾心理引发的痛苦感受，且我们生活的文化使我们不想承认矛盾心理确实存在。”

社会将母亲困在无止境的理想化、不可能达到又相互矛盾的期待之中，那些没办法作为全能母亲的人，或是没办法把做母亲的经历纯粹视为“发生在自己身上最美妙的事情”的人，会被当作有问题的母亲。她们踩了那条道德基线，而她们的矛盾心理与精神医学领域的事联系了起来，被当作精神障碍，好像她们得了生理上的疾病一样。在母亲们私人博客的评论中，将她们当作有病的回应是少见的。在这些博客中，人们可以承认母亲面临的困难有多深、有多广，因为很多人体贴地在评论里表示，看到别人和她们有相似的感受和想法，会感到宽慰。而八卦专栏或每日新闻时事的评论往往将事情扯到临床医学上。比如说，当一个女性名人被报道做了就为人母来说“不妥当”的事情，他们就会对此发表意见，将之视为复杂情感的证据，并认为她应该马上接受治疗。

精神分析理论可能也认同母亲身份对许多女性来说具有冲突性，但有时它也会判定这些母亲患有疾病。著名心理学家海伦·多伊奇（Helen Deutsch）认为，矛盾心理是母亲情感的一部分，但同时声称这些有矛盾心理的母亲是“天生的女性受虐狂”（natural female masochism）。

对不按照僵化的情绪规则脚本走的母亲的百般挑剔，反映在对产后忧郁症的轻视上。这些女性面临这样的处境并努力与之抗衡。几十年来，女性无法在生产后说她们感受到的是其他情绪，而非社会希望她们拥有的情绪。而且她们害怕承认这件事，因为一旦承认的话，她们就会被贴上“坏妈妈”的标签。

> “对我来说，要写这篇文章真的很难，因为这是我对这个世界保留的最深刻也是最黑暗的秘密，但我已经说出口了，而且我打算再说一次：上星期，我在了解过一些其他人的诊断历程后，确认了自己有产后忧郁症。我选择说出我的秘密，因为我希望其他女性也能因为我的故事而发现自己的状况。（中略）我害怕其他人会认为我是个软弱的人，或是认为我不配当妈妈。”

此外，有产后忧郁症的母亲可能会觉得自己是“坏妈妈”，因为她们害怕自己像其他“坏妈妈”那样被贴标签，而这样的情绪规则已经全部内化为她们内心的一部分。

在过去的几十年中，研究人员、作家和各种类型的治疗师除了批评那些矛盾心理违反了社会既定的感受规则，还经常将其视为母亲经验中不可避免的一环，同时也是母子间各种复杂感受的一部分。这样的冲突性情绪所涵盖的范围非常广，同时区分了无法忍受、难以控制的母性矛盾，和可以忍受、可以控制的母性矛盾，这可能会促进情绪的发展变化。在这种情况下，母亲的痛苦与她对孩子爱恨交织的情绪，都可能会推动她去寻求解决方案。

因此，这些孩子让母亲经历的爱恨交织，可能会帮助她们去掌握知识和情绪上的技能，以了解孩子及孩子的需求。因为矛盾心态所带来的痛苦可以促使她们思考，而有能力去思考婴儿和孩子可以说是做母亲最重要的能力。

这样看来，当一位母亲认识到最好放弃她和孩子的圆满关系这一幻想时，她就有能力承受矛盾心态及矛盾心态带来的痛苦。同样地，一位母亲若能够找出方法来控制这样的冲突，那么她既可以感受到对孩子的爱、关怀、同情，也能感受到愤怒、失望、沮丧和无助——这样的情感能力能够使她在内心产生丰富而多样的新面貌，因此也可能是母性发展的里程碑。研究人员宣称，矛盾心态能够帮助母亲改变及恢复，对那些因为母亲身份而产生情绪混乱、幻想和冲突的人来说是一种重要的情绪技能，也能潜在地促使母亲的情绪变得更加柔韧而有活力。

此外，对母亲身份怀有矛盾心态的女性可能会发展出一个渐进式的故事历程，这个故事通往一个正向的终点站，过程包括未来的发展和障碍的克服，借以向自己保证总有一天一切都会好起来。

将这些冲突性的母亲经验重新整合，对女性来说可能有助于她们度过接下来的每一天。然而这可能也会导致社会去回顾母亲们是否履行了承诺及实现了价值，并且以此判断是否违反了社会规则。

通过仔细检视这些母亲的后悔，我们能够了解母亲们有时有着不同的故事。从这个不同的故事里我们可以看到，社会将其对母亲的不满常态化，给女性贴上病态的标签并希望她们顺从社会期待。而我们沿着这些参与研究的女性的不同故事抽丝剥茧，她们不只是正在养育婴幼儿的母亲，有些人的孩子已经三十岁了。这些女性在描述她们的后悔时，拒绝成为那种女性形象，拒绝被代入那些“无可避免地成为母亲”及“逐渐适应母亲经验”的故事当中。她们这么说，“那不是我”“我一眼就看出那不是我想要的”,并表示“后悔成为母亲”这个念头让她们感到平静许多。她们明确地表达自己希望能走出那些被设定好的故事，远离那个会导致她们痛苦的任务，因为维持现状令她们持续感到痛苦。

因此，后悔体现了一种不同的女性身份认同。虽然这样的认同违背现有文化对女性为人母的期待，但这样的文化期待使得女性成为不情愿的母亲，并且掩饰自己的后悔。

第三章

“我很难开口说，生孩子是个错误……我的意思是，孩子对我来说是个很大的负担。我花了很长的时间才有办法把这些话说出口。我想，哇哦，如果我说出这种话的话，人们一定会认为我疯了。到今天为止依然如此……”

——斯凯（有三个孩子，两个介于十五岁到二十岁之间，一个介于二十岁到二十五岁之间）

后悔是一种可能伴随着巨大动荡和苦难的情感态度。对那些后悔成为母亲的女性来说，难以承受的不只是她们一直处于苦恼之中，也包括她们几乎不可能去谈到这件事——因为“后悔”这件事是不该和“当妈妈”联结在一起的。

在探究这些女性无法说出的后悔成为母亲的理由时，我们要仔细端详社会定下的情感规则，也就是人们处于什么样的身份或社会环境时，能被容许（甚至是被期望）表达自己的后悔感受；而在哪些情况下又被压抑着，不能坦承自己的后悔。因此，在讨论这个主题时，我们不能不去讨论社会如何看待时间和记忆，因为后悔是一种情感立场，衔接着过去与现在，是连接着现实和记忆的桥梁。

尽管许多人都如此认为，但这样的线性时间观似乎过于狭隘了，因为我们对于时间的主观经验是更多样且多元的。就如同你看着地图与实地考察的差别，你看着时钟和实际体验时间流逝当然也是有所不同的。当我们享受生活时，会觉得时间流逝得很快；当我们等待时，会觉得时间的流逝如同乌龟慢步。忙碌的时候我们觉得时间不够用，但是当我们闲得无聊的时候又觉得时间太多了；我们的回忆、白日梦、噩梦和闪回记忆、激情、气味，是“内部时间”掩盖了外部时间的表现。甚至听音乐也可以让我们如同乘上时光机一般，回到过去的某个时刻或某些日子，从而打破我们对时间连续性的看法。

因此，时间的主观经验是指我们可能会觉得自己能搭上穿越时光的轮渡，在我们的过去、现在及未来间来回航行，仿佛那是能让我们回头修正过去（我们的过去，及世界的过去）的一种切实可行的方式。当我们面对自己的行动和决策所带来的结果时，我们的记忆会描绘出一个想象中的世界蓝图，在那个世界中，已经做出的决定是可以改变的，现实中我们无法改变的一切在那个世界里仍然可以被重建出来。因此，尽管我们不能重返过去或改变过去，但是不一定没有办法去想象它，就如同美国作家威廉·福克纳所说的那样：“过去的事情永远不会消逝，它甚至并没有过去，而是永存心中。”

但即使我们对时间的个人感受是实际而确凿的，我们生活的社会却认为沉溺于往事是没有意义的，以下两种情况除外：感性而怀念地回顾过去曾有的喜悦，以及为了更好的未来在记忆中回溯往事。哲学家乔治·桑塔亚纳（George Santayana）曾有过这样的名言："凡是忘掉过去的人注定要重蹈覆辙。"举个例子，制定纪念日就是一种文化性的教诲，让我们回首过去，以免让过去的历史教训又在未来重现。而我们可以在人类行为与人格发展的心理分析理论中，看到另一个社会所接受的"回顾过去"的例子：这些理论相信早期的童年经历深深影响一个人的未来生活，而心理治疗着重于分析过去的经验，以协助当事人拥有更好的现在与未来。

然而，当我们提到其他形式的"回顾过去"时，例如不是为了改善未来生活而回忆过去的创伤经验、错过的机会、犯下的错误、委屈和不幸，社会教导我们与这些过去保持距离，保持缄默并遗忘它们。比如说，可以看看社会对性骚扰事件的反应，许多女性被要求忘掉创伤并继续前进。

又比如《圣经·旧约·创世纪》中，罗得的妻子不服从神谕而转头看了所多玛和蛾摩拉，因而化为盐柱；《圣经·新约·路加福音》中，耶稣提醒门徒的一段话中也有着不要回顾过往的警告："当那日，人在房上，器具在屋里，不要下来拿；人在田里，也不要回家。你们要回想罗得的妻子。凡想要保全生命的，必丧掉生命；凡丧掉生命的，必救活生命。"

我们也能在希腊神话中看到，俄耳甫斯和欧律狄刻成婚后，阿里斯塔俄斯追逐欧律狄刻并试图侵犯她，欧律狄刻逃开时踩到毒蛇而被咬身亡。俄耳甫斯进入地狱深处想要使欧律狄刻复活，掌管死者的冥王哈得斯同意让欧律狄刻重返人世，条件是俄耳甫斯必须走在前面，直至他们回到地面之前都不能回头看欧律狄刻。然而俄耳甫斯没有完全遵守这个条件，当他转头看妻子时，欧律狄刻便永远消失在冥界的深处了。

除了这些宗教性质的指令以外，直到今日，“不要回首过往”仍然有意识或无意识地充斥在我们的日常生活中，科学和世俗的时间观同样悬挂在我们头上——套句艾萨克·牛顿的话：“时间是绝对的、真实的和精确的，其本质是稳定的流动，与外物无关。”

在这种单向流动的时间观底下，人们不但被教导着，自己的过去和历史被物理性地锁定在身后，而且有责任留下某些事物，仿佛这一切都是已定的结局。社会的“记忆法则”就是这样形成的，这个法则要求，人们可以回顾过去某些值得纪念和深入调查的时刻和事件，至于其他的那些“过去”则都应该被遗忘，然后人们应该继续前进。

回想过去的经历可能会引起各种认知和情绪反应，而且就如同下面我们要谈到的，“后悔”这种情感态度就被视为是对那些“没有过去的过去”的情绪反应。

无法撤销的决定

仔细考量并记住以前发生过或完成的事，可以只是单纯的思考和记忆，也可以是怀旧。但是回顾过去也可以是一种事后的提醒，想着“要是当时……的话”或“如果……该多好”，让人们去比较已做的选择及其导致的不满意成果，与另一个当时可以做的其他选项及其可能带来的更正向的结果。

这些“如果”会让人想象出那些可以被采用或应当被采用的其他选择，但这些“如果”也可能会引发事发后的情绪——这可能发生在个人身上，也可能发生在国家或全体人民身上——例如失望、悲伤、懊悔、自我谴责、羞耻、内疚和后悔。“如果我在他去世之前就告诉他我有多爱他……”“如果我没有对她说那些伤人的话，事情会不会不一样？”这些话都足以说明什么是“希望扭转不可逆的现实”。

后悔和其他的情绪一样，都是主观的情感态度，而且这样的情感态度会反映出一个人的价值观、需求、决策及个人历史；但它也是由环境形塑而成的，遵循着社会的框架，表达后悔与不表达后悔都具有其社会意义。

例如，社会期待上法庭的被告能够表达后悔之意，而且表达后悔是赦免、修复及维持社会秩序的必要条件。法官在判决时会考量当事人的态度，律师在战术上也会运用后悔来获得较宽容的判决；而如果罪犯无法表达出自己的后悔，那她或他可能会被拒判缓刑。

在司法领域中表达后悔，而不是空口承诺，会被视为一种对自己行为负责的证明，证明他们接受责备及对被害者的歉意。此外，由于后悔被视为表现个人责任的信号，类似于道歉，而这样的赔礼道歉可以纾解相关者的情绪并减轻惩罚的必要性，且后悔可能涉及的痛苦与悲伤就如同是对自己的惩罚，因而可作为减少更严厉惩罚的理由。此外，人们亦认为后悔可以减少重复犯错的可能性。反之，如果被告无法表现出后悔之意，则可能会被解读为毫不在乎或是更糟糕的——他可能无法理解自己行为的严重性，继而导致更严厉的惩罚。最后，在法庭上表示后悔会被认为当事人的神智仍然健全清醒，而未能表达后悔的被告则会被看作道德上有瑕疵，为了维护社会公众，需要更严厉地惩罚被告或是延长监禁刑期。

在宗教的范畴中，后悔的功能性也是显而易见的。基督教、犹太教视后悔为负起个人责任的道德态度，后悔之意能够使不道德的行为获得赦免。在基督教中，悔改自己的罪孽时，后悔是必要的态度，忏悔室就是一个邀请并鼓励人表达后悔的具体象征；犹太教中的犹太新年、赎罪日、敬畏日或者十天悔改期等节日的制定，更是为了每年的反省和忏悔，让教徒表达后悔并恳求上帝与同胞的宽恕。

但是当后悔牵涉到的不是罪恶或犯罪时，它呈现的就是一个争议性的情感态度。一方面来说，后悔可能会被认为是在捍卫每个人的内在完整性，它在某种程度上联结着过去和现在，并能告诉我们现在该怎么做。因此人们把遗憾视为道德证明，当人们在未来遇到类似的情况时可以采取不同的行动，或是防止他们重复先前让他们感到后悔的行为。举例来说，如果某个人告诉他的朋友，他十分后悔打电话给父母的次数不够，他可能会受到来自朋友的赞赏及鼓励而改变原本的行动。也就是说，后悔、痛苦、悲伤、绝望、苦恼会使人认知到自己的不道德行为（不只是过失或犯罪），如果没有这些情绪，人们可能不会发现自己的罪过所在。

然而，从另一方面来说，后悔也会被视为不符合新自由主义和资本主义进步精神。我们的所有行动都是为了应对当前生活的挑战，而后悔则违反了这样的价值，因此承认自己感到后悔会使自己被视为不切实际或不乐观进取。因为后悔中所潜存的自我鞭挞和麻痹的无助，可能会导致个人或群体专注于过去（而那个过去已经无可挽回了），专注于无法改变的当前现实。

因此，我们的社会从过去中艰难地行进，并希望能够与过去以及过去所发生过的错误保持距离，努力避免后悔。

那些理应是用来安慰我们的俗语如“不要为打翻的牛奶而哭泣”变得像个命令，而后悔被视为一种需要被克服的情感态度、需要仇视的敌人，甚至是一种弊病。就这方面来说，后悔是让自己堕落到过去的泥淖，让我们漫无目的地沉浸在过去的错误当中，被视为一种病理问题，这样的人应该被引导到适合的支持团体或治疗单位去接受协助。

尽管后悔在实际的日常生活中被视为一种争议性的情感态度，但人们都曾经在各种情况下，因为各种错误和错失经验而感到后悔并表现出自己的后悔。心理学家尼尔·勒泽（Neal Roese）和埃米·萨默维尔（Amy Summerville）在研究美国的男性与女性对什么感到后悔时，发现在不同的年龄层、社会经济地位和生活方式中，人们最可能后悔的是教育，其次是就业，然后是恋爱关系、健康问题和身为父母。

在生育方面，有人提到了医疗程序，比如输卵管结扎和终止妊娠，以及将孩子送去收养或签订代孕协议。也有些人对于生产的时机和间隔、决定不生其他孩子或决定生下其他孩子等事情感到后悔。勒泽和萨默维尔的研究还显示了，决定不为人父母的人，和选择成为单亲妈妈的人都会感到后悔。

当牵涉到父母和子女间的家庭关系时，后悔会体现在不同的育儿和教育方式上：苛刻的训练、各种严格限制的教育方式及惩罚，尤其是体罚，例如父母对孩子的暴力行为。而一般情况下的父母也可能会感到后悔，特别是母亲，他们可能后悔陪伴孩子的时间不够，或是没有专程花时间和孩子一起进行愉快的活动。进一步的研究表明，孩子、父母及兄弟姐妹间家庭关系的受损或家庭问题，也可能导致后悔。有些女性因为家庭生活和职场的不平衡而感到后悔，也有些母亲因为未能投入职场而感到后悔，就如同我们在下面看到的一位美国作家兼妈妈所写的回顾性文章："现在我正走在养育子女的下坡路上，而我对自己在家育儿的决定怀有疑虑。虽然我不知道有哪个父母会后悔把时间花在孩子身上，尤其是已经离家独立的孩子——包括我自己在内——但事后回想起来，我的决定似乎是有缺陷的。虽然我充分认知到身为一个全职在家的主妇肯定是一种奢侈，但盯着没有孩子的空巢和非常渺茫的就业机会时，我真的感到后悔了。"可能会引发后悔的长长列表中包括不顺利、损失和错误，而这些都是人际关系与生活中各个领域都可能会经历的。人们在做决定、采取行动、创造和感知时，或是没有采取行动、未曾创造时都可能感到后悔。在这种情况下，为什么后悔当妈妈是一种不可思议的情感态度？

悔恨、生殖和母性的政治学

虽然我们个人可能会认为后悔是不愉快的、充满折磨的经验，且可能不符合当前要求进步和效率的社会风气，但当后悔落在符合社会准则的范畴内时，人们还是可以认知及理解后悔这种情感态度的。举例来说，在一个把吸烟视为恶习的社会中，社会看待一个为自己当了多年老烟枪而感到后悔的人，和一个为了自己从未吸过烟而感到后悔的人的态度，会很不一样。在一个神圣化“健康生活方式”的社会中，社会对“后悔自己没有过健康生活的人”和“后悔自己过着健康生活的人”的观感也是不一样的。

从这个角度来看，后悔成为霸权的看门狗，让我们每个人进入社会圈中的机制标准化：符合社会期待的后悔不仅可以赢得他人的尊重，也能让自己维持一定的社会价值。我们在母亲身份的领域可以清楚地看到这种情况，特别是和终止妊娠（人工流产）有关的时候。问题的重点不在于女性是否后悔自发性的终止妊娠，因为在这个议题中，有些人会后悔，而有些人则不会，且女性一生当中可能会有好几次终止妊娠——有些人可能每一次都不后悔，有些人则每一次都感到后悔，也有些人只对其中几次感到后悔。因此我们真正要问的是：在一个鼓励生育甚至要求生育的社会中，大众如何看待后悔终止妊娠这件事？

其中一个做法是把后悔作为武器，极力劝说，威胁、吓唬、教诲及规范她们，向她们断言，如果进行终止妊娠的话一定会后悔，而且这样的说法必定会联结到生养子女是母亲与生俱来的欲望。

关于“女性进行终止妊娠后为什么可能感到痛苦”这件事，这个社会很少给出其他理由。而即使这些女性并不后悔，但由于社会尊崇的道德准则认为终止妊娠有损道德，这些不后悔终止妊娠的女性还是会担心因为打破这个道德准则而被视为有过失甚至犯罪。此外，终止妊娠及因此招致的社会谴责（即使女性认为终止妊娠是正确的决定并能给她带来解脱，仍会招致结合了评判和侮辱的非议）可能导致恋爱关系的终结，使当事人陷入痛苦，但社会并不怎么考虑这些情况。对女性来说,为了避免自己进入不想要的关系（母亲、伴侣关系、婚姻等），或不可能的关系（因为各种原因，无法好好养育孩子），终止妊娠是能让她们如释重负的手段之一。

长久以来，社会大众假设女性的天性使她们想怀孕生子，因而也否定了女性希望避免怀孕的可能性，所以认为“对终止妊娠感到后悔”是一个不可避免、肯定会产生的情绪反应，于是这形成了一个解读的闭环。当女性进行终止妊娠后感受到矛盾与煎熬，社会可能会把这些感受错误解读为后悔，没有检视这些感受的背后意义或讨论其他可能性。

按照已经编撰好的末日预言，在想象中后悔终止妊娠会是最糟糕的情况，比不想生孩子更糟糕。

此外，社会上也存在一些后悔决定不生儿育女的男性与女性，因此社会以“后悔不生儿育女”为手段，威胁不想当母亲的女性成为母亲。这种威胁几乎不可避免，因为社会认为不想为人父母的男女都是脱离常规的，未来注定会哀叹自己的决定并渴望着自己未出世的孩子。我们可以在一个名为“不想生孩子的女人”的网络论坛的留言中看出这件事：“相信我，你将来一定会后悔的。在我看来，你大概五年后就会后悔，然后像其他人（或是其他大多数人）一样生孩子。如果你只把生孩子当作是一份工作或是经济支出的话，我真的会为你感到难过。孩子的意义远超过金钱。有一天（要不就在几年后）你会后悔你错过这件事。”

因此，社会上一致的信息是：如果你已经超过三十岁，那你用来组建家庭的时间就不多了。你可能以为你对此不感兴趣，但你错啦！成家的欲望会打击你，而你将会觉得一切都太迟了：“你——一——定——会——后——悔——的！”

社会描绘出没有生儿育女的未来是危险且必定会令人感到后悔的，而这样的描绘可能使女性受到框限，尽管这些没有生儿育女的女性的主观感受远比这个推论要复杂。在女性受到这样的警告和威胁时，其他观点是被消音的；那些后悔为人母的女性声音仍是无法被听见的，因此衍生了这样的推定：因为没有这样的声音，所以没有人后悔成为母亲。

1989 年，社会学家阿瑟·尼尔（Arthur Neal）等人针对 412 名美国白人及黑人进行了调查，以了解他们对生孩子的看法——包括正面及负面的。他们罗列出负面的看法，以下是表现出后悔的那些答案：“照料孩子占用了我太多时间”“我的孩子给我带来了巨大的压力和烦恼”“有时候我真希望能够回到我还没为人父母的时候”“有时我觉得为人父母的职责压得我喘不过气来”“我希望自己能够等待得更久一点再生我的第一个孩子”。

尽管这些答案是从为人父母的难处来描述后悔的，但是参与该研究的母亲们所陈述的核心则是：“我们不该生孩子。”

在我们的日常生活中，几乎听不到这样坚决的陈述。因为在鼓励生育的社会中，“母亲会后悔生孩子”，这话让人无法接受，直觉上想反驳。而且社会不考虑女性会后悔为人母这种可能性，故而如果女性考虑要生孩子的话，她们是不会受到“你将来一定会后悔”这种威胁的，因为社会认为女性根本不会后悔当妈妈。

一般来说，后悔是个有争议的情感态度，而在许多社会中，母亲这个角色的地位是特别神圣不可侵犯的，从社会对母亲的感受法则来看，母亲会后悔生儿育女是个让人想都不敢想的情感态度。社会对于“母亲身份”和“后悔”的联结只有这两种非常规的状况：后悔没有子女，或是后悔养育法律上或道德上有所偏差的孩子，而且这两种状况都跟母亲对生儿育女的主观经验无关。照这样说来，社会唯一可以想象的后悔是由生儿育女的最终结果——没有孩子，或是“有问题”的孩子——所导致，而非一位有独立情感的母亲的主观情感经验导致。社会认为作为母亲的亲身经验使人感到后悔，是不可能出现也难以想象的。而且从另一个角度来看——如果社会承认母亲确实可能后悔的话——社会认为这种后悔是不正当、需要加以谴责的，且是从根本上就值得怀疑的对象。

女性的看法

在本研究中，我问了受访者以下这个问题：“如果你能带着现有的认知和经验回到过去，你还会当妈妈/生孩子吗？”虽然表达的方法不太一样，但所有的回答都是“不”。

斯凯（有三个孩子，两个介于十五岁到二十岁之间，一个介于二十岁到二十五岁之间）

斯凯：“如果我能够回到过去，我不会生下这些孩子的。对我来说答案显而易见。”

苏茜（有两个介于十五岁到二十岁之间的孩子）

在我问完问题之前，苏茜就已经回答了：“我不会生孩子，就这样！毋庸置疑……我总是说我的人生有三个致命错误：第一是选择了我的前任伴侣，第二是跟他生了孩子，第三就是生孩子这件事本身。”

多琳（有三个介于五岁到十岁之间的孩子）

在我完整说完这个问题之前，多琳就非常激动地回答：“我肯定不会生孩子！”

我：“三个都不生？”

多琳：“是的。虽然这么说很痛苦，我永远不会这么告诉他们。他们不可能理解这件事，即使长到五十岁，但也许到时候……我不确定。但如果时光能倒流，我绝对不会生他们，我会眼睛都不眨一下地放弃这件事。”

卡梅尔（有一个介于十五岁到二十岁之间的孩子）

卡梅尔：“我在二十五岁的时候生下他，但如果我已经知道自己今日的处境，我肯定不会生下他，够简单明了吧。（中略）我每天都在庆幸，还好我只有一个孩子。每一天我都在对自己说：‘真是太走运了！我只有一个孩子！’但这些话是接在‘太遗憾了，我有个孩子’之后。（中略）如果可以的话，我宁愿没有孩子。”

德布拉（有两个介于十岁到十五岁之间的孩子）

德布拉：“如果能回到过去，我绝对不会要孩子。即便他们是如此可爱、不可思议，并且给予我难以置信的东西。我不否认这些。他们给我的生活增加了一个除此以外无法获得的维度。但是如果我能不带有罪恶感和牵绊地回到过去呢？我不会选择这条路。”

欧德雅（有一个介于一岁到五岁之间的孩子）

欧德雅：“对我来说生孩子就是个错误。我的意思是，这就是个错误。因为我只当生孩子是个义务，而我还想过自己的生活，我的未来有那么多计划。（中略）这就是为什么我后悔了，因为我原本可以做许多对我来说更有意义的事。”

埃丽卡（有四个介于三十岁到四十岁之间的孩子，她已经当上祖母）

埃丽卡："我可以现在就告诉你。当我回首过往，这一切值得三十年的痛苦吗？绝对、绝对、肯定（埃丽卡用手势强调强烈的否定）不值得，不值得！要我再把这些重复一次吗？绝不。如果我可以重新做决定，也许我就只会有一个儿子或一个女儿。"

我："为什么你不想再像现在这样有四个孩子？"

埃丽卡："你问我为什么？我现在告诉你，因为我的人生当中从未有一个轻松的日子。我的家计并不吃紧，这不是钱的问题，而是因为抚养孩子绝对不是一件轻松的事情。绝对不是。"

布伦达（有三个介于二十岁到二十五岁之间的孩子）

布伦达："如果从事后去看过去的话……我甚至一个孩子都不会生。"

巴莉（有一个介于一岁到五岁之间的孩子）

我："如果你可以逆转时光，你会怎么做？"

巴莉："如果我可以保有今天的一切认知的话，我会想把时光之轮转回过去。但现在时光之轮已经转动，而我无法改变它。现在她有她的人生。"

我："这么说是什么意思呢？"

巴莉："因为这不是我一个人的事情了。这是一种责任，如果我可以不用处理孩子这件事，一定会很快乐，但现在这已经变成我的责任了。”

贾丝明（有一个介于一岁到五岁之间的孩子）

贾丝明：“我受不了了！我受不了当个母亲，受不了这个角色。（中略）我可以肯定地说，是的，如果我三年前就知道这些，那我不会生小孩的，一个都不生。”

海伦（有两个介于十五岁到二十岁之间的孩子）

海伦：“从今天开始就解脱了。到了这个年纪我才真的感觉到，这是新生的开始……奥利总是独立而成熟……而伊兰已经被征召入伍了……然后我才开始感觉到自由。这是真的，对我来说这是最棒的事情。但尽管如此，如果我对自己绝对诚实的话，我个人宁愿不要任何孩子。”

索菲娅（有两个介于一岁到五岁之间的孩子）

索菲娅：“即使到今天，他们已经三岁半了，如果你问我，假如有个小妖精跑来问我：‘你想让我把他们两个藏起来，从世上消失，像是一切从未发生过吗？’我会毫不犹豫地说：‘好啊！’”

森妮（有四个孩子，两个介于五岁到十岁之间，两个介于十岁到十五岁之间）

森妮："我不认为我能做到这点。我不会这样告诉我的孩子，我在他们心中有一席之地，他们知道我经常为他们牺牲。但我……（笑）我不想把生孩子这件事重来一遍。特别是在我知道我会离婚，而且这一切重担都会落在我身上之后。而且有些状况使得这一切变得更难挨了：我的孩子中有两个特殊儿童，这让一切变得更艰难。"

莉兹（有一个介于一岁到五岁之间的孩子）

莉兹："可能不会。嗯，可能不会。我要再说一遍，这对我来说难以开口，因为我会觉得也许一切会改善、也许这会改变，但其实这一切都没变，而事实上这已经成为我的负担。一直都是'妈咪、妈咪、妈妈妈妈妈咪'。去你的妈咪，让我独自过活吧（笑）！我谈的是那些我们真正面临的困境与难题，而非文化或道义上的那些正确的事情，还有什么我有多幸运拥有这些……"

格蕾丝（有两个孩子，一个介于五岁到十岁之间，一个介于十岁到十五岁之间）

格蕾丝："咦，你知道答案的，我不会生孩子（笑）。我甚至已经放弃这些让人焦虑的事情了。就是这么强烈的情绪。当我想到自己往后会经历什么事——我当然会放弃生小孩。但我要再强调一次，我需要有今日的认知，才会不生孩子。"

伊迪丝（有四个孩子，两个介于二十五岁到三十岁之间，两个介于三十岁到三十五岁之间，她已经当上祖母）

伊迪丝：“就像他们说的那样，‘不’！你知道的，除非我可以完成我的医学院课程，也许在我有了工作或一切之后我会？但我不这么认为。因为那实在是浪费时间。而其中带来的快乐时光又有多少？就算真的有所谓的快乐时光好了，但和我所耗费的力气相比，值得吗？”

马娅（有两个孩子，一个介于一岁到五岁之间，一个介于五岁到十岁之间，受访时怀有身孕）

马娅在我问完问题之前就回答了：“我不会生孩子。”

提尔纱（有两个介于三十岁到四十岁之间的孩子，她已经当上祖母）

提尔纱：“我不认为我适合当妈妈，所以我感到抱歉……每次我跟我的朋友聊天，我告诉他们如果从前的我能够有今日的见解和经验，那我连一个孩子都不会生。对我来说最痛苦的事情是我没办法回到过去改变这一切。我没办法修复这一切。”

除了以上这些坚定反驳我的女性（有时在我问完问题前

就已经回答了），有几位女性花了更多的时间考虑她们的答案，因为她们发现自己很难回答一个纯粹存在于想象中的问题。更重要的是，她们所处的环境向来明确地诱导她们向往当个妈妈，这也让她们更容易受到压力。所以，这些母亲相信，如果她们重返过去时没有现今的认知和经验，可能会为了避免未来的痛苦和悔恨而做出完全相同的选择。可由于她们确实拥有现在的认知和经验，因此答案是这样的：

> 格蕾丝（有两个孩子，一个介于五岁到十岁之间，一个介于十岁到十五岁之间）
>
> 格蕾丝："再说一次，其中一个因素是我们当时没有今天所拥有的认知。我知道如果我在那个处境下，我会一直后悔没有孩子。因为我们没办法在时光中逆流，这就是人生。但如果当初尤瓦跟我有着今日所认知的一切，那么……我想我们能够过着很好的生活。"

> 索菲娅（有两个介于一岁到五岁之间的孩子）
>
> 索菲娅："我以为我想当个妈妈，但事实上我不想。也许我想要像论坛（以色列的网络论坛"选择没有孩子的人生"）里面的其他人一样，但其实我不是。直到你真的陷入那个处境之前，你很难知道自己真正的想法，很难知道自己会如何反应——而且那不是你能尝试看看的选择。"

罗丝（有两个孩子，一个介于五岁到十岁之间，一个介于十岁到十五岁之间）

罗丝：“对我来说，要回答这个问题很困难，因为如果我没有孩子就不会有现在的这些认知。但如果我能知晓自己今天所知道的这些（我要写下这些都很困难，因为这么说像是我要放弃我的孩子，放弃我的一部分），如果我能知道这些，而且环境支持我，社会也可以接受这种决定的话——我不会生孩子。”

杰姬（有三个孩子，一个介于一岁到五岁之间，两个介于五岁到十岁之间）

杰姬：“虽然有点自相矛盾，但我可以告诉你，如果我在无法洞见未来的情况下回到过去，可能会做出完全一样的选择，因为我还是想要孩子。但如果有人能够让我知道未来的自己是什么情况，那我是不会做出一样的选择的。我不会，绝对不会！即使……”

我：“……即使？”

杰姬：“（深吸一口气）告诉你，如果可以的话，我想抹去我生命中的一部分……我这么告诉我自己，我希望醒来时他们会消失。我真的……我知道这不算一件好事但是……在我崩溃以后，我意识到我犯了大错，我生了孩子。（中略）现在我的生活真是让我后悔。这件事……（长长的停顿）我真的很想回到过去，改变一切。”

在有些女性考虑过去她们可以有什么选择时，也有一些女性回答问题时是想象着“下辈子的生活”。例如尼娜，她在访谈中反复提到她希望从她母亲身份的责任中获得解脱和自由，但她知道回到过去的话她还是会生孩子，只是方式会不太一样——部分原因是她希望自己符合社会的“常规”，因而努力挣扎着不去“偏离常规”（也就是不生孩子）。然而到最后，母亲身份对她来说依然是段不必要的经历。

尼娜（有两个孩子，一个介于四十岁到四十五岁之间，一个介于四十五岁到五十岁之间，她已经当上祖母）

尼娜：“我说，我总是这么和楼下的邻居开玩笑，说我们下辈子不会生孩子了（笑）。我们相遇，我们没有孩子，我们互相照顾。”

我：“你是在多大的时候当上妈妈的？”

尼娜：“二十七岁时，我在二十四岁时结婚。”

我：“如果你能带着现在的认知和经验回到二十七岁，你会怎么做？”

尼娜：“我会生孩子，但我人生事物的优先等级会和现在不一样。不同的重心、不同的关注点，和完全不同的态度。我可以很肯定地说，今天的我回过头去看，觉得自己过于让生活主宰我，而我没有设定规则和路径，只是被生活拖着走。（中略）我不知道我有没有勇气、有没有那个胆量……我没有胆量去做这些事。如果我有那个勇气下定决心的话，我会选择其他不同的道路，我会意识到我不想要孩子。”

我：“你要怎么去整合这个：一方面你说如果回到二十七岁的话，你还是会有孩子；但另一方面，你又说你下辈子不会生孩子？”

尼娜：“所以我是说‘如果’，如果我足够成熟与开放，了解对我来说什么是重要的，并且去实现它——那一切将会不一样。毕竟从整体来说，孩子们是真实的，而且他们……是正直且善良的人，品行端正，像是来自依舒夫（以色列屯垦区）的人。”

我：“对你来说，你想象中没有孩子的下辈子的生活是怎样的？”

尼娜：“是幻想中的自由生活。我是自由的，只需要对自己负责任，而不需要担负起对别人的责任。不必去担心别人……担心我所做的事情是不是正确的，不用责怪任何人，也不用抱怨任何事——我可以直接告诉你，这些在我现在的生活中已经太多了，我已经筋疲力尽。就物质上来说，我持续地帮助我的孩子，每周一次陪伴这个孙子，或是另一个孙子。还有钱。对，就是钱。钱会改变整件事情。我可以帮他们去雇个保姆或是……但一样的，我一直把这些事情看成是我的责任，我没办法摆脱它们去获得自由。尽管我的思考逻辑告诉我，到了这个年龄，我应该要过自己想过的生活，这是你的人生、你的选择——但我仍然觉得那

> 些是自己的责任。这并不是说我感到内疚。我不责怪自己。而他们都说：‘如果我们听了妈妈的话，我们今日的处境会截然不同。’但我还是觉得这是我的责任，帮助他们，至少他们可以比我更早开始走自己的路。”
>
> 我：“你的朋友也参与了这次研究，她告诉我：‘如果你要研究这个主题，你一定要跟尼娜谈谈。’你怎么看待她说的这段话？”
>
> 尼娜：“（笑）看，那是因为我们一直在说，人没有必要非得生儿育女。孩子们不是必要的。”

不同女性的陈述显示了这些母亲的个人看法与人们所认为的全然不同。这些后悔的母亲所想象的“另一种人生”驳斥了“每个女人迟早都会想要当妈妈”的说法。社会大众认为每个女性都会重新定向她的情感世界，随着时间而成为一个母亲并对于母亲身份感到安适，社会认为这些女性不会希望时光倒流。

尽管在尼基·谢尔顿（Nikki Shelton）和萨莉·约翰逊（Sally Johnson）的研究中，那些面临困难和矛盾的母亲们仍然希望以母亲身份期待着一个“快乐结局”，但在我的研究中，参与访谈的女性则是想象她们过去、未来及下辈子的情景，仔细考虑当前正在经历的母亲经验——这个经验是很不舒服的，而且还会持续下去。即使她们之中有些人希望未来能够获得解脱，但大多数受访者不认为事情会往好的方向发展。不管她们是当妈妈不到十年，还是已经超过二三十年，社会所承诺的那个未来——也就是母亲们将安于母亲身份——都并未实现，而且她们也不觉得会实现。这些有血有肉的母亲的亲身经历显示了“往为母之路持续发展”与实际情况不符，她们的后悔破坏了社会的期待。

只有“母亲身份”

大多数参与访谈的母亲都强调“孩子”和“母亲身份”是有所区别的。杰西·伯纳德（Jesse Bernard）在 20 世纪 70 年代的作品中提到,那些劳动阶级和中产阶级的母亲“居然敢”承认:她们爱自己的孩子，但是恨自己的母亲身份。换句话说，母亲身份和对孩子的感情是两回事。对那些参与我研究的母亲们来说，这样的区别有助于厘清她们真正后悔的是什么，不后悔的又是什么。尽管表达时情绪混乱，但这些母亲坚持认为后悔并不是源自生下的孩子本身。

夏洛特(有两个孩子,一个介于十岁到十五岁之间，一个介于十五岁到二十岁之间)

夏洛特:“看，这有点复杂，因为我很后悔当了妈妈，但我并不因为孩子而感到后悔，我不会因为他们是谁或他们的人格而感到后悔。我爱他们。虽然说我嫁给了那个白痴，但我并不后悔有孩子，因为如果我跟别人结婚的话还是会有不同的孩子，而我还是会爱他们，所以这真的很矛盾。我后悔我有了孩子而当了妈妈,但我喜欢我生下的孩子。所以这是很难解释的事。因为如果我后悔生了这些孩子，我应该不会希望他们来到这个世界。但我希望他们来到这个世界，我只是不希望当妈妈而已。”

多琳（有三个介于五岁到十岁之间的孩子）

多琳:“我有点难以开口，因为我真的爱他们。我很爱他们，但我……有很长一段时间我需要心理医生的帮助。如果有什么能让我感觉心口一致，那就是这个了,这些感受。虽然我成为母亲的历程并不圆满——但‘我爱孩子’对我来说是心口一致的。如果用二分法，就是我生下孩子而我爱他们，但我要抛弃他们。所以，如果我可以有其他选择，我会放弃他们。”

莉兹（有一个介于一岁到五岁之间的孩子）

莉兹:“这么说吧，让我后悔的是我的母亲身份，而不是孩子的实际存在。对我来说这样的区别是很重要的。我有个很棒的孩子，他美好到简直不可思议，而最幸运的是他生来如此。就当一个母亲来说，我其实并不称职，我碰到了一些困难。然而，若他不是生来就这么美好，我的养育方式可能会让他变得更糟糕，但身为孩子他是没有选择余地的。啊，上帝保佑，如果他是特殊儿童或是有超出我能力范围可应付的特殊需求——这一切将会变得很艰难。

“我得把这个区别说清楚，因为他对我来说很重要。他真的十分可爱，当我越懂得他，了解他对这个世界的看法、了解他是怎样的人，他对每件事情都有坚定的看法，而当他自信地表达出这些看法时我真的高兴极了，于是我就越爱他，但……这是个不自然的情况，我真的很爱他，跟他的关系很亲近——我很后悔他出生了，但我不后悔他存在于这个世界上。我的后悔针对的是身为母亲这件事，我当了妈妈这个事实……我并不觉得我想要当妈妈。在今日的我看来，当初为人父母只是个合理的决定而已，因为为人父母的挑战似乎会使一切更美好。所以，当你打从内心想要为人父母时，你才应该当爸爸妈妈。”

卡梅尔（有一个介于十五岁到二十岁之间的孩子）

卡梅尔：“我非常爱伊多。他是个很棒的孩子，尽管养育他并不是一件容易的事。从他出生开始，他身上就有点小麻烦，而且那样的麻烦会跟着他一辈子。但我们有着很美妙的联系，我跟他的感情很亲密，他是个极好的孩子。我的后悔跟伊多无关，一点也没有。”

德布拉（有两个介于十岁到十五岁之间的孩子）

德布拉：“现在我可以这么说，‘我的两个孩子真是太美妙了’。他们不只可爱，还非常让人惊叹。我可以在他们身上看到令人惊异的人类潜能，他们非常可爱、聪明、美丽且善良——我的后悔和这些无关。但那不是我想要的。(中略)我认为，我当妈妈并不是个正确的选择。对我来说，为人父母并不是个理性、相称且适当的选择。并不是说我不能当个妈妈，而是说那不适合我。当你问我‘德布拉是怎样的人？’时，我不会回答你‘是个妈妈’。在我提到‘母亲’之前我会提到很多其他的身份。我通常不会提及我有孩子，虽然最后不可避免总是要提到这个，但我不会主动说出来。我不会把自己定义为:德布拉——女人和母亲。我会说，德布拉是一位经理，德布拉受过教育，德布拉是一位美国籍以色列人，德布拉已经嫁为人妻，德布拉是一位思想家，德布拉是世俗者。在这些之后，才会出现‘德布拉也是一位妈妈’,勉勉强强的。所以对我来说，我还是后悔成为母亲的。因为在我的生活中，每一天每一天我都被放在一个不适合我的位置上。但我并不后悔有两个孩子，因为我将这两个美妙而让人赞叹的孩子带到了这个世界上。”

这些女性明确区分她们后悔的是母亲身份，而不是她们出生在这世界上的孩子。她们认为她们的孩子是拥有生存权利的独立人类，但同时她们后悔当他们的妈妈、后悔她们是这些孩子的母亲。

因此，虽然一般来说渴望不当母亲通常表示不生孩子，但希望抛开母亲身份不代表要抹灭她们已经出世的孩子。这样的区分是为了斩断（哪怕只是一瞬间）家庭成员之间那条假想的脐带，使母亲和孩子能拥有超越家庭角色的关系。

但这样的要求常被认为是不可能的。母亲就是母亲，她永远要表现得像个母亲，永远无法从她的身份逃脱。

这种信念的根源之一是弗洛伊德的理念，这个理念在 20 世纪延伸到了治疗门诊之外的领域。弗洛伊德的研究不但认为“母亲”并不代表有母亲身份的女性本身，还明确主张女性跟“母亲”是没什么关系的。在弗洛伊德的研究中，母亲总是被定位为功能而非活生生的人，母亲自身与孩子关系的经验是被省略的。他将母亲定位为人类情感发展中关键而重要的角色，作为发展的背景——母亲存在，但也不存在。

因此，后悔成为母亲和后悔孩子出生的区别，不仅仅只和后悔有关。这样的区别也描绘出女性抗争着，希望能让自己从“母亲的功能性”中挣脱出来，被作为独立的个体看待。

并非只有后悔的母亲们提出这样的请求。几十年来，学者和作家都在呼吁将母亲视为人类个体，母亲也能够沉浸在情绪中，分析这些情绪并检视其中的意义，而不是因为别人的生命而模糊了人生焦点，以至于到失去自我的程度。这对当前的现实来说是很困难的事情，这个社会有许多女性经历分娩并成为母亲，而社会视之为法则，她们被要求放弃自我：“虽然理智上我知道这是社会的期待，我这么想，然后，到了我分娩后的第一天，我意识到从那时起人们期待我这么一个有痛苦、感情、欲望和志向的人，无限期地把自我抛开、削减，让其消失，直至最终抹杀。”

这段关于后悔的叙述为这个难题下了个脚注。

醒悟时刻

当这些女性谈论起她们理解并感觉到成为母亲对她们来说是个错误时，我们更明确地了解到她们后悔的不是生下孩子本身。领悟的那一刻并不一定有个明确的开头、过程和结尾，但我们仍然能够借此透彻了解她们的个人看法。

有些母亲在生下孩子几年后才发现自己后悔成为母亲，而有些人在怀孕后或孩子刚出生时就意识到了这一点，也就是说，她们甚至在孩子出生之前就已经感到后悔了。

欧德雅（有一个介于一岁到五岁之间的孩子）

欧德雅："怀孕期间我就已经感到后悔了。我明白即将发生的是什么——这个生命的诞生——不是、不是……我不想跟这扯上关系，我不想……我知道这是个错误，是的……这是多余的，对我来说这是多余的，我想放弃。"

我："你还记得孩子出生前，是什么事让你产生这种感觉吗？"

欧德雅："我意识到他会不会哭、我是否会生气或容忍都不重要了，重要的是，这要放弃我自己的人生。

对我来说这样的牺牲已经超出了可承受的范围。”

海伦（有两个介于十五岁到二十岁之间的孩子）

我：“你还记得你意识到自己后悔的那一刻吗？”

海伦：“从一开始我就立刻意识到了。”

我：“发生了什么事呢？”

海伦：“很明显，对我来说很容易，很明显，毫无疑问，我意识到了。但我明白的时候……我不知道怎么跟你解释……甚至在他们出生之前我就明白了……就好像……我不想要孩子，就像是，在尘埃落定的那一刻我就了解了。从他诞生的那一刻，甚至在我真正了解之前……那很明显，非常明显，严格说起来，从他出生之前我就明白了，而那是我……我不知道，我只是马上就明白了……”

索菲娅（有两个介于一岁到五岁之间的孩子）

索菲娅：“在我生产后，我知道我犯了个严重错误，我像患了强迫症一样不断重复思考着：‘你犯了个大错，现在你得为此付出代价。你犯了个错，现在你必须为此付出代价。’而现在则是‘为什么我会犯下这个错误？为什么我要这样做啊？还有比这更糟糕的事情吗？’”

提尔纱（有两个介于三十岁到四十岁之间的孩子，她已经当上祖母）

我:“你还记得你是在什么时候感觉到并(或)认知到你后悔当妈妈的吗?”

提尔纱:“我认为是在宝宝诞生一个星期后。我要说那是场灾难,一场灾难,我一眼就看出这不适合我,不只不适合我,还是我一生的噩梦。”

卡梅尔(有一个介于十五岁到二十岁之间的孩子)

卡梅尔:“我可以告诉你,当他被我抱在臂弯中,我带着他走出医院的那一天,从那天开始,我开始明白我到底做了什么,而这在往后几年越来越明显……我记得当天带着他从医院回家时,我没有产后忧郁症或其他临床症状,直到走进公寓,焦虑朝我袭来——这是唯一的一次。我还记得那整整一个星期我只想带他回医院,我捏造……我试图说服自己相信他生病了,他应该被送进医院。那阵恐慌是个开始,而从那之后就一直存在着。”

我:“当你意识到的那一刻,你有什么想法?”

卡梅尔:“这是一件不可逆转之事。(沉默好几分钟)听着,是奴役、奴役,是一场苦刑。”

乍看之下,随着孩子诞生而来的焦虑很可能被解读为产后忧郁症或心理压力。目前关于产后忧郁症有两种看法:首先是医学心理学的观点,认为是荷尔蒙不平衡导致的悲伤或忧郁。它将母亲的情感世界描述为私密个体,并用上心理分析的概念和词句，像是“创伤性的童年经历”（如一位女性被一个功能失常的母亲抚养长大），这样的情况也被用以解释产后忧郁症的发生；其次，对女性的生育或母亲身份有着不切实际的期待时，也可能导致产后忧郁症的发生。

第二种观点是从女权主义出发，将这些感受视为对现实的逻辑反应。女性成为母亲后可能要面对陌生的医疗环境、回到家庭中要面对照顾新生儿的挑战。也就是说孩子出生后母亲的痛苦感受并不一定和生产本身相关，而是和周围的环境有关，而生产可能会触发本来就存在的痛苦，例如家庭境况或社会经济压力中的痛苦。

不过，虽然严谨的医学解释并未提及，母亲本人的痛苦可能植根于母亲自己或社会对她不切实际的期望中，但从这些女性的个人经验中，我们可以观察到这些挑战通常是为人父母后普遍经历的——包括父亲与养父母。然而，这两种观点的出发点都是，尽管有产后忧郁症的存在，女性仍期望能成为母亲。但它们却未曾考虑并非所有女性都是如此。因此，尽管许多女性在分娩后的几天、几个月甚至几年都有产后忧郁症，但这个事实并不一定能为每个女性的苦楚提供合理解释，而且社会大众也可能会忽略女性自己所说的内容：

德布拉（有两个介于十岁到十五岁之间的孩子）

德布拉：“我并不认为自己罹患忧郁症，但对我来说这件事很清楚，我知道这不是我想要的。这并不是说我在生产后才知道这件事，我以前就意识到这一点了，这对我来说不是什么新鲜事。”

多琳（有三个介于五岁到十岁之间的孩子）

多琳：“我很清楚我内心的想法，我没有产后忧郁症，我的身体状况很好。只是我认知到了我不想要这个，就这么简单。但你知道，在今日这个环境，我需要花一点时间来弄清楚到底怎么回事……来看看有多少人多少灵魂因此而受苦……像是我，有三个孩子，更准确地说，我怀孕了两次，却是通过生育治疗，但其实我的生育能力没问题。我没有怀孕，是因为我其实不想怀孕，就这么简单。这很难以置信，这令人难以置信。我就只是不想当妈妈。”

这些情况显示，如果后悔成为母亲的女性想要如她们所表达的那样打破常规，可能并非因为生理周期、荷尔蒙、心理或是社会、经济、家庭的严苛环境。有些人将之视为临床或社会的诊断治疗不足，但这些看法限缩了母亲的经历并阻止她们去谈后悔，且将产后忧郁症视为唯一的解释。

虽然并不是每一位有过产后忧郁症的母亲都是如此，但这可以成为一个更可能的答案。本研究中的女性，有些人的孩子已经成年，二十几岁、三十几岁、四十几岁，有些人甚至还当了祖母，而她们要求将另一种解释放入社会用于诠释母亲的怀孕和生产经验的列表中——“我不想要。”

布伦达（有三个介于二十岁到二十五岁之间的孩子）

布伦达："在生了孩子后的六个月，我就知道自己陷入了怎样的处境里面……那些日子里我绝望地在迷雾之中搜寻每个人都在谈论的'幸福、圆满、重生'，但我完全找不到那些感觉，甚至连一点暗示都没有。我心想：'我可能不太正常。'因为我在心中甚至找不到一点和那些喜悦接近的部分，或者每个人都在拒绝承认这件事，他们跟我一样毫无喜悦却不敢说出口。"

贾丝明（有一个介于一岁到五岁之间的孩子）

贾丝明："当我在家休产假时，我非常喜欢他——你知道的，在那个年纪，他们需要的并不太多，他睡觉、吃东西、便便。我会看《哇！亲爱的爸妈们！》（以色列的电视剧），我也会学习，这对我来说蛮有趣的，很酷，像是在上课。接着问题就来了，当开始工作时，我觉得需要一些自己的时间，我自己的。"

我："你是在这时候意识到了吗？"

贾丝明："是的，是的，我没办法开口说我宁愿要一个没有孩子的人生。从那时开始我就有那种感觉，但就像我告诉你的那样，我因为这些感觉而自我谴责，我不知道自己到底怎么了。"

莉兹（有一个介于一岁到五岁之间的孩子）

我："你什么时候意识到你后悔了？"

莉兹:“我不认为这有个特定的时间点，在最初的时候我真的很难搞懂，因为我根本没有线索，我什么都不明白，而且我人生中的客观条件正发生翻天覆地的变化。我不停告诉自己:‘这只是一时的。’一年过去了，两年过去了，而所有人仍在告诉你:‘这只是一时的。’哦你知道吗？我记得很清楚，让我告诉你当时的情况，孩子胀气、不睡觉，而周围的人告诉我:‘没关系的，几个月内情况就会改变，你会走向光明，一切都会变得美好。’几个月过去了，仍然什么都没有好转。我跟一个朋友谈起这件事，她告诉我:‘听着，他在三个月大时会胀气，一岁大时会长牙，然后他变成青少年，然后被征召入伍。你有个孩子，这真是件喜事，而且这是不会改变的。孩子每个年龄段都有不同的问题和挑战，坐等事态改变是没有用的。’那时候我意识到我后悔了，和她的谈话真是让我忧郁，然后突然……我感觉好糟，我想，我现在只是在回忆而我……总之我突然明白了，就是在那时候。这当然是种打击。”

在解释她们当上妈妈的最初几个星期或几个月后的“震撼体验”时，这些母亲用上各种强调震撼的词句，这些经验可以被解释为是先前的准备不足，或是成为母亲的初期阶段得到的支持不够。

森妮（有四个孩子，两个介于五岁到十岁之间，

两个介于十岁到十五岁之间）

森妮："我不知道有孩子代表什么意思，也许大多数人知道有孩子所代表的意义，但我不知道。我出生于一个世俗家庭，而不是一个宗教家庭，我不明白生儿育女牵涉的范围有多广，如果我有心理准备的话，我的情况可能会有所不同。对一个来自宗教家庭的女性来说，生儿育女可能是进入一个已经很熟悉的环境；而我，一个来自世俗世界的女人（虽然我也有宗教信仰了），我相信自己已经准备好成家，因为我有很多的生活经验、因为我当时感到很安适，所以我想有孩子挺好的，就像是在扩大我的爱、我的家庭。我有了丈夫，还有其他爱着我的人——对我而言就是这样。我不知道孩子代表什么。（中略）我不知道有孩子的结果会是什么。今天我看着那些超过三十岁的单身女性，她们对于成为母亲有着那么多的理解和认知，我希望自己也能像她们一样，我非常羡慕她们。"

不同于没有准备好当母亲（如同森妮描述的）而导致的冲击，也不像社会保证的"时间的流逝会使一切好转"那样，当孩子离开幼儿期逐渐长大后会减少对母亲的依赖（"没关系的，几个月内情况就会改变，你会走向光明，一切都会变得美好"），莉兹设想的是一个完全不同的历程，一个停滞的未来：当孩子如他人认为的那样沿着人生轨迹走上被安排好的道路时（"他在三个月大时会胀气，一岁大时会长牙，然后他变成青少年，然后被征召入伍”），孩子的母亲莉兹认为自己停滞在同一个点上，以孩子一生的发展作为背景，在不同时空里的不同时刻都处于同样艰难的情感经验中。

许多妈妈在产后初期都会面临不同的挑战，而随着孩子的成长，她们的负担终究可以解除。但后悔描述的是一种对母亲身份的情感态度，而且不会随着时间改变或改善。

由于无法想象母亲身份所带来的并不一定都是令人满意的结果，其他母亲试着用不同的方式解释她们的感受，以让自己的立论更稳固——无论是怀疑自己的理智，还是怀疑其他父母连成一气、保持缄默。而从她们的话中，我们可以看到，她们感到后悔的时间点可能在后期，但她们的不安则可能在孩子出生后的几个月就浮现了。而对另一些人来说，这种不安是在多年内发展起来的，有时是在二胎、三胎之后。

罗丝（有两个孩子，一个介于五岁到十岁之间，一个介于十岁到十五岁之间）

我：“你还记得你感觉到后悔的‘那个时刻’吗？”

罗丝：“在第二个孩子出生以后。在我生了第一个孩子后，我明白生活不会完全相同了，从那天开始我得照看着身边的另一个人，我明白自己的生活被永远改变了。第二个孩子出生后，我终于明白这不适合我。让我解释一下：第一个孩子出生时我觉得有些不太对劲，我以为我还没做足准备，需要接受治疗，所以我去看医生并舒缓了内心的痛苦，但我搞错了问题的真正来源，即令我挣扎的是父母的身份。我以为第二胎对我来说会是个修正自我的经验：我已经成长了、接受了治疗，而我身边的人，特别是丈夫，他们是这么敏锐且支持着我——我以为这次我可以做到。我不知道事实上问题不在于我本身不够坚强，而是那个为人父母的决定。”

斯凯（有三个孩子，两个介于十五岁到二十岁之间，一个介于二十岁到二十五岁之间）

斯凯：“我告诉你的所有事情，让我今天可以好好解释这一切。我到了四十岁或三十五岁的时候，才在接受治疗时搞懂这些。在那之前我都像个毫无自觉的小孩子，我能感觉到不舒服，我当时非常紧张而且压力很大，但不知道那些是怎么来的。我总是告诉自己没事的，我一定弄错了，但是不……就是我想的那样，这就是现实，当我开始接受治疗时才明白这些。

“（中略）事实是，在经过多年的治疗后，我真的希望我可以改变，我可以和孩子们亲近，觉得他们真的是我的一部分，就像他人说的应该有的那么自然。然后我可以享受陪伴孩子的乐趣，想念他们并且希望看到他们，然后我就可以给予他们……以最自然的方式。（中略）我想，治疗不到一年我就明白了……对我来说这真是个悲剧性的错误。（中略）对我来说接受治疗的过程是非常辛苦的，最初，我几乎没办法承认这些事，当我开始接受治疗时也是，我总是想保护自己。”

每个母亲都采取了一些行动，希望能够缩小“她们的实际感受”和“现实社会期待她们应该产生的感受与想法”的差距。例如，罗丝有了另一个孩子，希望能够借此改变与校正，而有几个母亲则寻求心理治疗来了解“自己有什么不对劲”。

这样的危机并不一定是个发展危机（也就是会让你“随着时间成长”），它源自她们先前未能意识到成为母亲是个错误，因为那些感受本身是无法言说的。

马娅（有两个孩子，一个介于一岁到五岁之间，一个介于五岁到十岁之间，受访时怀有身孕）

马娅：“你知道的，我越是去思考这些事情——也只有我理解那是什么——就越……而就在最近，我终于理解一切了，我要告诉你，你的文章解决了我的问题。[1]我一直在思考这些事情，而这篇文章让我得到答案，现在我懂我感受到的是什么了，我不再困惑、不再觉得奇怪，我不再怀疑——我已经知道自己的感觉是什么了，我现在可以感受到它。”

---

1 在研究的早期阶段，一份在以色列广为人知的报纸联系我，请我写了一篇文章《幕后》，来探讨“后悔当妈妈”这个一向被视为禁忌的情感态度。这篇文章发表于2009年6月，在刊登后，有几位后悔为人母的女性跟我联系，马娅也是其中之一。

> 我："你的意思是，那篇文章从你的角度'命名'了你的感受？"
>
> 马娅："就是那样，真的就是那样。因为……在一开始那些是……在我读那篇文章之前，我曾经和一个朋友谈过这些事情，那是我第一次谈到我的感受，而且我还没法接受自己把它说出来了。我说出来了，很害怕而且退缩了。我经历了这样一番自我理解的过程。但是当我读了那篇文章以后，它终于使我确定那是什么了。"

我引用性别领域的专家凯瑟琳·麦金农（Catharine Mackinnon）所说的，女性不只被剥夺了她们的私人经验，还被剥夺了谈论的权利。罗丝、斯凯和马娅的话都指出了，人们认为女性生命中附加的、重要的一部分——母亲身份——没有深入调查的必要。当后悔为人母的女性没有足够的空间可以谈论时，社会上就只用一种解释来说明这件事：问题是在女性/母亲本人身上，因此那些感到后悔的母亲应该去接受心理治疗，试着解决她们的不安。

由于母亲们意识到后悔的时刻是因人而异的，这种说她们已经迷失了方向的解释就没有了说服力。而这些后悔的母亲的叙述显示了她们对母亲身份的体验，取决于她们在这一身份的优缺点之间的个人平衡。伊娃·易洛思（Eva Illouz）认为情感就像索引，能够引领我们在具体的、确定的互动中找到自我。如果我们采用易洛思的论点，情感能够解释我们在某些情况下如何定位自己——我们可以这么说，罗丝、马娅和斯凯对后悔当妈妈的情感的概念化，是在他们数年后回顾自己生下第一个孩子时——这使我们得以在为母之路上安插一个新的参考点。

做母亲的好坏

“如果可以回到过去，你还会生孩子吗？”

对于这个问题，有些母亲会给出否定的答案，但仍然不认为她们这么选择是因为对母亲身份感到后悔；也有些母亲会对这个问题给出肯定的答案，理由各自不同，但仍然还是会认为自己后悔生小孩。所以我在访谈中用另一个角度来评估后悔——询问母亲身份的优缺点，并请这些母亲依照她们的主观体验来回答，观察她们的天秤是往哪个方向倾斜。

调查结果显示，对许多母亲来说，母亲身份的优点在于展现女性的成熟及和孩子建立良好关系的道德能力，让女性和她自己、她的家人、她的社群及她的国家之间建立起良好的秩序。在她们看来，为了在环境中获得归属感，母亲身份是不可或缺的。

德布拉（有两个介于十岁到十五岁之间的孩子）

德布拉：“要在以色列社会立足，母亲身份可以提供优势。作为一个外人——不管你是因为什么原因被视为非我族类，都是很难熬的，这个社会才不管你是出于自愿或非自愿。但只要有了孩子，即使你在其他方面没有尊奉社会习俗和主流，孩子在一定程度上都能让你被视为主流，并让你的生活更加轻松。

“所以要说这是个优点吗？也许算是。因为你可以因此而不用扩大战场，至少少了一个需要奋战的前线了。你让你的角色变得完整，你的检核表上已经打了一个勾，在家庭这档事上你不必再奋勇作战了，因为犹太社会、以色列社会总是盘旋着这些问题：‘你什么时候要生小孩？’‘一个孩子是不够的。’所以你不必在这方面拉长战线了，你已经完成该完成的事情。就算其他方面你没有履行职责也没关系，至少在这方面，你合格了。

“在朋友这个层面来说也是如此，这就是社会结构。这些年来你进出的社会群体——一开始是高中时代的朋友，然后是你军旅生活的同袍，接下来是大学的朋友，之后便会是与夫妻和情侣们碰面。然后再是下一个阶段，和你见面的朋友们都成双成对地带着孩子。谈话的新焦点也不再是你打算在大学里面学习什么科目，而是怎么怀孕和怀孕的过程、孩子的成长状况、他们是否会走路了或者其他类似的东西。而当你无法打入那个社交圈，你就会慢慢失去和你的社群间的互动。我并不是非常喜欢社交，所以我想这并不会十分困扰我，但是社会氛围如此，周围的人们也逐渐开始进入那些群体中。（中略）孩子就像一张融入社会的门票，有了就会轻松很多。”

而布伦达提到了其他人认为母亲身份有的优点，并用她的方式加以叙述。

布伦达（有三个介于二十岁到二十五岁之间的孩子）

布伦达：“我的见解是这样的，当个妈妈还是有些好处的。生完孩子后你会感到非常快乐，你和孩子亲密相处，获得归属感，并为自己感到自豪，你已经实现了人生梦想。虽然这些是其他人的梦想，但你仍然实现了它。”

其他参与研究的女性认为孩子们的出生使她们比以前更成熟，更有爱心、奉献心、悲悯心、耐心和同情心。

多琳（有三个介于五岁到十岁之间的孩子）

多琳：“你知道吗？还是有些可喜之处，一些小小的快乐。这真的是……”

我：“像是怎样的事情呢？”

多琳：“呃……如果突然……可能是因为……不，我不知道。举个例子，上星期罗伊要参加一个《妥拉》测验，他希望我们可以一起读书，所以我们坐在一起读了一个半小时。我们一起完成这件事，我还挺享受这个过程的。这是个成熟的活动，是有意义的，我觉得很不错，真的。”

我：“你的意思是对你来说母亲身份有好处？”

多琳：“（笑）母亲身份带来的好处？让我告诉你吧，其实有好几个好处。母亲身份能让一个人变得……（叹气）不那么肤浅，使我能够看透更深层的事物，这可不是什么故事对白，而是让我有真正的怜悯、妥协、同情……更了解我自己，当我把自己的身心交付出去。母亲身份能够使你成为不同的人，我认为这是……好处，这很有趣，但它可能……嗯我不想说我自己变成了更好的人，但我变得……更加包容。类似这样。”

马娅（有两个孩子，一个介于一岁到五岁之间，一个介于五岁到十岁之间，受访时怀有身孕）

马娅：“我发现一些很有趣的事情，这么说吧，虽然作为母亲的历程带来了后悔和负面感受，但我发现这使我成了一个更好的人。因为我有抚养孩子的义务，我付出很多的爱，而孩子们会散播爱与良善。人们会成为善良的人，且会见贤思齐——所以我必须足以作为榜样，而如果我要作为榜样，那可不能太肤浅。所以我不断地努力去改变自己，并希望能把这样的良善传递到孩子身上。因为教育孩子时，最重要的是身教。如果我只是坐在他们面前教他们，是不会有用的，他们是从我的言行举止中去学习这些。我不敢说我都做得很好，有时还是会遭遇挫折。但我还是要说，母亲身份让我成了一个更好的人。”

或者，用娜奥米的话来说：“这就像你正在重新养育自己长大。毫无疑问，这给我带来很大的影响。”

然而，当她们谈到母亲身份的优点时，就会把母亲身份带来的积极影响和她们认为的负面影响结合起来，尽管我的问题是母亲身份的优点有哪些。

杰姬（有三个孩子，一个介于一岁到五岁之间，两个介于五岁到十岁之间）

我：“你觉得母亲身份能够带来什么好处吗？”

杰姬：“看吧，我的小女孩独立而且有主见，她在谈话时会表达自我并坚定立场，所以我不会说母亲身份对我一点用都没有。而奥菲克则逐渐成长为一个男人……还是有这些时刻的。但我不认为这些值得用我所经历的一切去换取。虽然其他人总是告诉我，当孩子们喊我妈妈并给我一个吻时，我所经历的一切都是值得的。”

伊迪丝（有四个孩子，两个介于二十五岁到三十岁之间，两个介于三十岁到三十五岁之间，她已经当上祖母）

我：“你觉得当个妈妈有什么好处吗？”

伊迪丝：“当然有了，因为一个孩子爱你的方式和一个男人爱你是完全不同的。那是一种非常有趣的爱，当他们还小时，那是完全无条件的爱，不同于其他任何爱。而当他们长大后，就难了。他们想要独立，这就很复杂、很不一样，不再那么……真实了。而有时这样的爱就像匕首刺向心脏，然后……当然，事情是可能改变的，这真是可怕。最初你总是想拥抱他们，这是那么愉快，我们之间有着真正的联结。一开始我们的关系亲密，也许那是因为他们需要我，他们那么需要我。但他们也拿走了一切，他们从我身上取走了一切。”

然而，虽然有人提到了一些好处，但所有参与研究的女性都从她们的角度一次又一次地指出母亲身份带来的坏处。其中有几位在提到坏处时告诉我，她们根本没办法从母亲身份中发现任何好处。

尼娜（有两个孩子，一个介于四十岁到四十五岁之间，一个介于四十五岁到五十岁之间，她已经当上祖母）

尼娜："好处……（长时间的沉默）什么类型的好处？你是说物质方面的？"

我："你可以谈谈任何你感受到的。"

尼娜："我……我真的很想说，那是最……呃……像是……我曾要求学习照护婴儿，当我想去学习时，必须获得基布兹的批准。但是说到好处……也许这可以使人在特定群体中创造社交生活，你可以通过学校遇到更多人，这能够带来友谊和同伴。但是，好处？我不认为那有什么好处。这充其量只是满足了你的自我意识，而且真的，你不用因为选择一条非常不一样的道路而感到歉疚。当妈妈使你感觉到你和其他人是一样的。是的，我总是会害怕自己与众不同，没有沿着主流前进。但我要再说一次，这是恐惧和焦虑。要说这是实际的好处？我不这么认为。”

莉兹（有一个介于一岁到五岁之间的孩子）

莉兹：“我得说，我一直在想当妈妈有没有给我带来什么好处，除了一个可爱的孩子外——完全没有。因为从各方面来看，现在的我都感觉比以前糟糕多了。（中略）没有好处。我曾经试着非常深入地探讨这个问题（笑），但我还没有找到任何好处。我保证，如果我找到的话会跟你汇报。”

斯凯（有三个孩子，两个介于十五岁到二十岁之间，一个介于二十岁到二十五岁之间）

斯凯：“事实上我无法从中找到任何好处。完全没有。我不觉得有任何的……就我个人而言，没有……我没有感觉到人们所谈论的那些。当他们谈论下一代和我们逐渐老去时，我完全不懂他们的意思，我完全不了解这些事情。就我个人来说，不，没有任何好处，这只是个难以承受的负担而已。我没法松口气……只要孩子们在身边，我就没办法放松；而当孩子们不在身边——像现在这样，我还是没办法完全放松。因为他们可能很快就回来了。但……每一件小事都给我带来愧疚感，不只是因为他们很快就会回来。这是……我不知道，我完全找不到……这给我的人生带来什么好处。

“今日的我已经完全明白了，如果能保有今日的见解并有重新选择的权利——如果我没有生小孩，生活会比现在更好，我对此深信不疑。你觉得落到这种处境我还能从中得到什么好处啊？”

在我询问这些母亲“好处”与“坏处”时，她们心中的天秤倾向了那些坏处，因为那些是导致她们后悔的原因。

埃丽卡（有四个介于三十岁到四十岁之间的孩子，她已经当上祖母）

埃丽卡:“为了未来某天将有的快乐，为了那个片刻我就得受苦这么多年？而且这些苦难是不会结束的，就是这样，无止境的痛苦。所以，你说我到底得到了什么好处？”

森妮（有四个孩子，两个介于五岁到十岁之间，两个介于十岁到十五岁之间）

森妮:“看吧，我的耕耘并没有让我得到收获。感谢上帝，我在其他方面还有成果，而且我已经开始享受那些成果了。”

我:“你觉得生孩子所带来的‘收获’值得吗？”

森妮:“你说的‘值得’是什么意思呢？我不懂。什么是‘值得’？我看不出这么比较的意义，这听起来就像是说孩子的笑容值得我用任何东西去换。但这全是胡扯。那不是真的，它们没有关联性，关联性在哪儿？你拿一把刀割伤一个人然后对他笑，接着问他那个伤口值不值得你的笑容？不，我为什么要为了那个而受苦啊？那是怎样的受虐狂啊？好吧，受虐狂在那个处境下可能会觉得挺愉快的。但关联性在哪儿？我找不到任何理由让我为了孩子的笑容而受苦受难。若我要的话可以到街上去，那里会有孩子对我微笑——还不用经历怀孕和分娩及所有相关的噩梦。我不相信那种无稽之谈。”

尽管她们的陈述中，也提到社会为了说服女性生小孩而向她们承诺的所有好处，然而她们的感受、价值观、需求和环境等个人经历毕竟因人而异，所以不是每一个女性都能感受到“社会”确实因为她们选择成为母亲而提供什么好处或回报。

因此，就像在和母亲身份的好处相关的叙述中，往往提到母亲身份让她们像个成熟且有品德的女性；在认为母亲身份没有好处的叙述中，也提到了这类社会形象，那就是女性周围的环境所告诉她的生小孩的意义。因此，虽然鼓励生小孩的理由之一是，人们相信孩子能够证明自己随着年岁增长而变得可敬、肩负起父母的职责，并且作为传承的容器，孩子可以为个人的遗产增光，但还是有许多母亲对这个看法表示怀疑。此外，她们的母亲身份甚或加重了原本的匮乏；她们没理由再去传递这些匮乏，比如经济上的不足或者缺少有价值的遗产。所以，尽管女性否定这些社会赋予母亲身份的意义，甚至嘲弄它，但她们积极参与裁决，认为母亲身份对她们来说一点好处都没有。

全面性的访谈内容显示，那些认为母亲身份没有好处的论述，是建立在和社会霸权概念不同的世俗情绪感受上的，因为她们不认为母亲身份对现在的自己是有利的，同样也不认为随着时间流逝，未来母亲身份能够给自己带来好处。

依据本章中对母亲们的访谈内容，我们可以明了，如果这些后悔为人母的女性可以带着现有的认知重回过去，她们会做出不一样的决定。而这正是使她们后悔的原因之一。但是社会大众以不同的方式解读这些女性的后悔，聚焦在她们育儿时所遭遇的困难上，谴责她们因为那些困苦而半途退缩，并说这会破坏这个世界的秩序。女性可能因此而未能意识到自己的后悔，因为后悔违反了这个世界认为母亲该有的情感规则；也因为社会认为不管人们对什么感到后悔，后悔这件事在文化上或心理上来说都是有问题的。人们认为后悔是件坏事，因此尽管眼前可供拣选以达到圆满结局的选项并不多，人们还是不愿去探究“如果可以重做选择”和“但愿可以回到过去”这些问题。

第四章

“我在下午五点下班，而我毫无动力。我想要……我不知道，我想要坐下来看本书，我想要盯着天花板想点事情——但我没办法。我因此觉得很沮丧，我从下午两点开始感到沮丧，因为我知道三小时后我就要投入我的下一段工作，我该怎么办？我该怎么度过那段时间？如果我妈没有跟我一块儿，那我就得独自跟他相处，我是唯一一个得追在他身后跑的人。而这让我神经紧张。我觉得我一直、一直、一直都活在挣扎之中。”

——贾丝明（有一个介于一岁到五岁之间的孩子）

由于人们认为后悔是一种必须怀疑，甚至病理性的情绪态度，所以人们常常问:“为什么？为什么她们后悔了？”并同时假设（可能是公开地，或是语带暗示地）这些灾难是在别人家里发生的，是个案，应该没什么理由好后悔当个妈妈。

正如接下来要看到的，这些充满怀疑的因果推论事实上没什么根据。而且这些女性并不是特例。我们可以在世界各地的书籍、社交网络及私人博客上看到这样的女性。她们的经验可以归结为另一个简单的结论:“当妈妈完全是个错误！”

曾经我是谁，现在又是谁

有许多文化都认为女性的生育能力联系起诞生与死亡。例如娜奥米·沃尔夫（Naomi Wolf）曾经写到，我们的祖先将孕妇视为一个已死去的人。在她怀孕期间，他们将她挖出坟墓；而当她在生产后幸存时，他们又把她埋回沙中。在生产的四十天后，坟墓就已经彻底封闭起来，她已经不在了。

这里说的并不是一段实际的死亡，而是母亲的经历就如同一段死亡的过程：从前的自我死去了，有母亲身份的新的自我诞生了，过去那个未曾当过母亲的自我已经一去不复返。

“这一个身份唤醒了另一个身份，但不会一同在生命中前行。当其中一个来到这个世界，另一个就隐而不现；当其中一个承载生命，另一个就消失无踪。而我希望，母亲啊，在赐予我生命的同时，你还活着。”露西·伊利格瑞（Luce Irigaray）曾经写出这段文字，从女儿的角度精彩地描述了生产为何象征着死亡，一个新身份的诞生——某个人的母亲。

许多女性都深深体会过这种因为诞生而带来死亡的历程，因为她们失去从前的热情、失去从前的恋爱关系或非恋爱关系、失去生产前的自我、失去创造力，甚至是失去发声的能力：“当我成为一个母亲，我第一次发现在我生命中是没法表达自我的，没有任何办法能把我的声音转化为其他人能够理解的形式。”

马娅是这么说的：

马娅（有两个孩子，一个介于一岁到五岁之间，一个介于五岁到十岁之间，受访时怀有身孕）

马娅：“我知道我做出了很多努力，但这一切（母亲身份）耗去我的精力、榨取我的时间，使我的身体、我的头脑和我的灵魂都精疲力竭，我没有任何余裕去做别的事。过去的我写作、雕刻、绘画，我喜欢创作，但是现在这些一个都不剩了，我没办法创作，因为我已经失去灵感和力量。”

正如我前面所提到的，这本书并未收录所有我进行过的访谈内容，因为有几位我访谈的女性认为当妈妈对她们来说是非常艰难的，但她们并不后悔。例如罗提，她并未把她对母亲身份的情绪感受界定为后悔，但她的叙述却和马娅是重叠的，这段叙述可以帮助我们更全面地了解何谓失去自我。

罗提（有两个介于五岁到十岁之间的孩子）

罗提：“在生下女儿后，我觉得已经没有自我了。事实上，从有孩子开始，我就因为‘母亲’的身份而受到限制，我不再能随心所欲，我需要在人生中拥有自己的一席之地，但我觉得自己被困住了，不再像从前那样。当我有一个孩子时，我有时还能做点自己想做的事，但当我有了两个孩子——不可能了。有孩子这件事限缩了我能发挥的空间、我的视野、我的进步。我领悟了何谓女权主义……你所传达的信息是很重要的，而我先前也在写这些东西，我很高兴有人在从事这方面的研究，有人能够为此发声。这对我来说已经无关紧要，因为我已经有了两个孩子，但我希望我的两个女儿能够有其他的路可选择。

“用非常概略且女权主义的说法是，一旦一个女人生下孩子，和男人不同的是，她就必须因为孩子而放弃很多东西，她在做出决定之前应该要将这件事纳入考量。(中略)过去我从不曾抱持这种女权主义的立场，但‘当妈妈’这件事改变了我的一切，我突然间意识到我们必须抱持女权主义，在我领悟这件事之前，我都还在告诉自己‘这有什么大不了的？根本没什么问题啊！我可以做任何事，任何我想做的事。’(中略)我所想要的，所有的选项曾经是开放的，但我现在知道一切都不复返了……

“因此女性应该坚定自己的立场，因为我们所生活的文化体制正在践踏女性，现有的体制不允许我们变成我们想要的样子，而这是不对的，当你成为一个母亲，你就不能够做任何你想做的事情，我们必须想办法去对抗这个庞大的制度才行。”

马娅和罗提在描述自己的经验时，都表现出其他参与研究的女性所表现的感伤：“我的自我渐渐淡去，然后消失了”“我正在试图凭空创造出一些东西”“他们完全抹杀了我”。她们提到自己在生儿育女前的自我是更饱满而完整的。

这个社会老是说：“未为人母的女性是有缺陷、不圆满且空虚的，而母亲身份能够弥补这一切，孕育后代可以让她成为完整的女人”。但这些个人感受显然与这个说法背道而驰。

虽然未为人母的女性常被认为是不健全的，甚至是没有社会地位的，但这些“健全的”母亲却认为母亲身份使她们变得残缺，她们生育前的人生经历反而更丰润、更让人满足。换句话说，她们并不认为自己从“残缺”变得“圆满”，而是从“丰足”变得“空洞”。

在其他方面，这些女性也谈到这种与社会认知的改变背道而驰的情况。尽管社会将生儿育女的女性描述为一个标准“女人”，将未为人母的女性描述为——有缺陷而受到限制的，并认为这些女性会因此受害，然而这些女性认为生产前的自我是相对无性别差异的，她们并不会因为性别而感到低人一等。母亲身份会提醒她们：她们曾经是没有桎梏的，但现在作为女性，她们没有任意翱翔的自由，她们感到自己如同社会所希望的那样被母亲身份套住，而且没有逃脱的可能。

成为母亲除了可能导致女性失去许多对自身有价值的事物，也可能会导致另一种记忆复苏：这些女性往往会再次想起那些被时光埋葬多年，但并未消逝的痛苦记忆，而这些伤痛回忆可能会导致她们失去另一种能力——遗忘的能力。

马娅（有两个孩子，一个介于一岁到五岁之间，一个介于五岁到十岁之间，受访时怀有身孕）

马娅：“我看着我的女儿，她长得和我这么像：黝黑的皮肤，卷卷的头发——与众不同。我对自己说，老天啊！我即将要再经历一次，我要再经历这一切一次，我还记得自己小时候是多么希望能在下一秒变成一个三十岁的大人。我梦想我已经成为一个成年人，跳过了童年、青春期和后面的一堆无聊玩意，成为一个可靠的大人。而我现在，三十岁，即将再经历一次。她（马娅的女儿）会去上学，这让我非常焦虑：其他人会接受她吗？她能适应新环境吗？她会像我以前一样悲惨吗？所以这是一件要我命的事，完全要命……当我和孩子坐在浴缸里，那时候她三岁，她跟我说：'我去不掉这个，这边很好（马娅指着她手掌内侧白皙的部分），但这边的颜色太深了（马娅指着手掌外侧的部分并摩擦它）。'这时你会知道什么是心碎。接下来的两个星期我深陷其中，我不知道我该怎么办，不知道该拿她怎么办，突然间童年的所有焦虑又朝我袭来。（中略）重新经历那让人恶心透顶的童年，是另一件让我感觉很糟的事情。"

社会大众通常认为孩子们承载着父母的记忆、传统、民俗、价值观、基因、特征、才能、潜力和外貌，在世界上延续这一切是社会所接受和希望的。然而马娅说明了这样的延续可能有着另一层含义，提醒着她们那些被烙印在皮肤上的种族歧视、同性恋仇视和贫困经验。那些来自社会边缘地位群体的女性有时候有更大的概率会经历这些不公正，而她们的母亲经验延续着她们因为社会压迫带来的困苦，她们被迫要为孩子们在面对种族歧视和遭受社会秩序敌视时，创造一个安全的避风港。

马娅叙述了她过去的人生，她必须在一个种族歧视的社会中对抗那些盯着她黑皮肤的群众，而她现在被迫和女儿一同面对这些事，并想办法保护她。她的女儿就像个永恒的提示，那些糟糕的记忆拒绝被留在过去，现在再一次闯入她的生活，那些马娅宁愿抛在脑后的“我曾经的过往”再次复苏：这是母亲身份使她感到痛苦的原因之一，那使得她无法赞颂生命的延续或者“第二次童年”。

成为母亲不只是在女性的生命中创造出新的世界秩序，也可能巩固并强调那些原本的秩序并同时加深那些难愈的创伤。那些压迫性的社会秩序所带来的隐蔽影响，在看不到的地方加剧，像个幽灵般继续困扰着她们的身与心，使得她们持续生活在胁迫之中。

因此，对许多女性来说，她们没办法从生命之中删去这些不公平的遭遇，没办法将这些记忆抛到一间上锁的房间里。相反，马娅那些关于“过去的我”和“过去的我要面对的事”的记忆，强迫她重温那些她认为已经过去的伤痛，因此，过去的事情始终没有过去。

母亲身份作为一种创伤经验

在经过几次访谈后，一个同样重要的议题浮现出来：母亲身份不只可能加重过去的创伤，“成为母亲”本身可能就是一段创伤经历，这样的创伤深深刻印入一个本来就痛苦不堪的躯体当中。

索菲娅（有两个介于一岁到五岁之间的孩子）

索菲娅："我在自己身上找不到其他人那种对孩子的爱。当我看到婴儿时，我感到焦躁不安，我可以表现得像其他人那样温馨甜蜜，但在内心……这并不是说我认为孩子们不可爱，但我总是感到害怕，那提醒了我生孩子的创伤，我怕创伤会继续蔓延，我会生下另一个孩子。

"（中略）我在一个网络论坛'不想生孩子的女人'上阅读文章，寻求慰藉并确认我的感受是什么，因为我很害怕。是什么让我害怕呢？我那时想要孩子并不是个理性的决定，而是因为情感和子宫的驱动，我很害怕那会再次发生，我很害怕我的子宫会再次苏醒，并使我觉得再有个孩子是个好主意。我很害怕，因为我知道我可能会变得不理性，所以我努力去记得有孩子是多么不容易的坏决定。我怕我会忘记，所以我很高兴这样的创伤依然存在，这样的创伤保护着我，让我不会再生下其他孩子。"

森妮（有四个孩子，两个介于五岁到十岁之间，两个介于十岁到十五岁之间）

我："你谈到那些失眠的夜晚，当时你最小的孩子已经七岁，这是什么意思呢？"

> 森妮：“我为创伤后压力所苦，真正的创伤后压力症候群。当孩子在夜间醒来，我就又重温一次所有创伤，所有的。我想我需要接受心理治疗（笑）。（中略）我曾经接受治疗，我对治疗师坦承一切，但这些对我都没有帮助。因为，母亲经验怎么可能是创伤呢？但我真的受到创伤了，我的创伤就在那儿，母亲经验使我受伤并感到害怕，这些话语、这些谈话都没有用，没有什么可以补偿我所经历过的巨大损伤，直到现在依然如此，没有什么可以弥补我。这就像某个被恐怖分子俘虏的人，上帝保佑，等他被释放后让他谈谈这段经历，这对事情有任何帮助吗？这可以带来任何好处吗？这能够挽回他已经失去的东西吗？能够换回他手中被夺走的一切吗？就是这样，你对此无能为力。你跟一个失去手臂的人谈话并给他治疗，这能够让他找回失去的手臂吗？对我来说，我失去了岁月，我多年的人生，我多年的痛苦。（中略）当一个人，不管男人还是女人，当一个人失去自己的人生并像个活死人，那都是很痛苦的事，只能在一个地方徘徊而又无法离开。（中略）这是个悲剧，但每个人却表现得像是正在接受一些有趣的挑战，这真是太可怕了。”

对这些女性来说，成为母亲是使她们生命伤痕累累的事件。森妮说她永远都无法忘记这些创伤，这些伤害就像铭刻在她的身体里面一样，就像一个永远无法愈合的伤疤，母亲经验使她严重受创；而索菲娅则希望母亲经历所带来的创伤能够像个永恒的警钟，提醒着那些她永远不想重温的惨痛经历，借此让自己记住那些教训。

有许多见证都提到母亲身份是怎样威胁女性的生理及心理健康：疾病、忧郁、疲劳、情绪危机、身体伤害、社会地位的丧失等在分娩几年后仍然存在，而这些还仅是女性经历的一小部分。

尽管人们已经认知到这些威胁，对此的了解也越来越深，但这些资料都没办法破坏母亲的神话形象——甚至连起个开头都没有——社会认为女性最终都能适应并走向一个快乐的结局。

这个不准确的老生常谈，其基础之一是这样的概念：创伤是指改变人生的事件或境遇，例如自然灾害、交通事故、疾病、抢劫、战争或“特定类型的性侵”[1]，这些情况通常被认定为负面的情况，有时被界定为不道德或犯罪事件，因此社会认定这些会带来长久的负面影响。

相较之下，人们远远不会将母亲经验评价为能带来长久创伤的事件或存在——不认为母亲经验会勾起先前的创伤记忆，因为它不像是会使人被迫面对难以对付的疮痕，诸如种族歧视、性别歧视、同性恋仇视或贫穷，不像是会造成困境，不像是会随着时间改善的暂时性危机——但母亲经验本身就

---

1 我在这边说的“特定类型的性侵”，是指一个全然的陌生人性侵另一个人，人们普遍认为这种情况是负面的、不道德及犯法的。但其他的情况，例如约会强暴，在人们的认定中却是有争议的。人们不止一次公开讨论，在这样的案例中，受害的女人是否该为“另一个人决定要性侵她”而负责任。

是个创伤。它不仅被排除于人类可能后悔的事物之外，也被从人们的创伤经验中抹去。

人们普遍认为成为母亲除了是为孩子开创新生以外，也是为了给女性的生活开创新的一页。而在过去的几十年内，人们开始认知到母亲身份会使人耗尽所有并失去自我：“虽然挚爱的孩子出生了，但我知道新生的妈妈也失去了某些东西，她们的人生历程变得更为艰难。就某种程度来说，在母亲们对孩子的喜悦之下，她们悄悄地哀悼着先前的一部分自我。”

娜奥米·沃尔夫在她的著作中提到，美国的母亲们在刚生下第一个孩子时，除了喜悦之外也感受到象征性的死亡。而对参与本研究的母亲们来说，母亲身份就是带来毁灭的原因。即使有了两三个孩子，甚至是多年之后，她们不只是哀悼她们失去的那些而已：大多数参与研究的女性也因为这些损失的毫无意义和毫无目的而感到哀伤。对她们来说，不管她们有多爱孩子，这些毫无道理的损失都是导致她们后悔的主要因素。

母爱的联结与束缚

“我缺乏当母亲的基因。当然，我爱我的孩子，但我要直截了当地说：‘从一开始我就不知道该拿这些孩子怎么办。’”

——一个有三个孩子的母亲

虽然事情并不总是如此，但在我们所生活的当代，社会期待母亲以特定的方式爱孩子，如此才能算得上是称职的养育者和有道德的人类。当然，社会也赞扬爱孩子的父亲，但社会对父亲的首要期待还是赚钱养家，对孩子的爱多半被当作次要的额外好处。

一般来说，这样的性别分工往往给母亲很大的压力，而后悔成为母亲的女性也同样如此。事实上，她们得确保自己已经清楚地表达了对孩子的爱。正如我们看到的，在我的研究中，接受访谈的母亲们将对孩子的爱和作为母亲的经历严格地区分开来，这样的区别显示了她们对孩子的爱和对母亲身份的憎恶是两回事。

多琳（有三个介于五岁到十岁之间的孩子）

多琳："一旦有个小人儿跟着你在家里，而你伴着他长大，你会变得充满爱心。我不知道怎么解释这个，这超出我们的理解，有段时间我觉得这好像是国家地理频道的影片。因为……在第一年，这就像是动物本能，特别是哺乳的时候，有什么事情发生了，关于爱，关于依恋。我不希望任何坏事发生在这些小人儿身上，但从另一方面来说，我又觉得这一切跟我很不搭。

"（中略）而现在，当我这么说（后悔成为妈妈）时会发生什么事呢？我会出现的想法是……立刻跳起来并说：'等等，你爱他们。那你怎能放弃他们呢？'但事实上我真的能。但我要再说一次，这种感觉的确会让人困惑。”

贾丝明（有一个介于一岁到五岁之间的孩子）

贾丝明：“记得有一次我这么跟我母亲说：‘妈，我真的很爱他（孩子），我不喜欢的只是当妈妈这件事。’（中略）他让我快乐，我不会否认他带给我幸福。但先把这件事放一边，我得说我真的不喜欢当妈妈，有时我甚至恨我自己是个母亲，这让我感到十分挫折。”

且不论“爱”这个情感本身，社会期待母亲能够表达并且强调自己爱孩子，这不只是因为她们生活的社会要求她们这么做，也因为她们很清楚“后悔当妈妈”公然违反了女性的情感规则，因此，这些女性需要安抚听众，她们的情感世界并没有彻底地“毁灭”。而这样的安抚并不代表那些关于爱的情感不是真的，或是她们对孩子的爱应该受到怀疑，而是在这样的社会文化背景下，她们希望自己的情感态度能够被清楚地表达出来。

在父母对子女的爱这点上，历史研究是充满争议的，特别是针对母亲的爱：根据某一派的论述，这样的爱并非是举世通则或无历史背景的。也就是说，所谓的母爱是现代西方国家的发明，是随着核心家庭出现及公私领域分离所产生的附属品，也是人口结构变化和婴儿死亡率降低的结果。

另一派的论述则认为，父母之间的关系不太可能经历那样的改变，通过《圣经》和中世纪文献可得知，父母对孩子的爱是有迹可循的，尤其是怀孕、分娩及养育孩子能引发母爱天性。

即使这些历史学家论战的中心是母爱的根源，但 19 世纪时，在西方国家中关于母爱的社会性知觉[1]已经发生变化，母爱被确立为一个独特而结构性的元素，比以往更受到社会监督。爱成为意识形态的平台，其符号、意义及实践方式取决于特定时间的社会与文化。

这种母爱社会知觉的改变——就像浪漫爱情观转变为女性特质的历史变迁那样——导致了“爱”的变化。“爱”从一个没有组织、无法从字面解释的经验，转化为有结构的、有系统性组织情感的“爱”。依据这样的方式，社会、政治和经济力量形塑了“母爱”的结构，而为了维持社会、政治及经济的力量，“母爱”也被用于塑造女性。

因此，依据许多研究人员的调查，母爱的概念已经成为某种形式的压迫，因为母爱是对母亲的情感世界及她们和孩子间关系的具体要求：她们必须对孩子有无条件的爱，一种不会过于概略、清晰明确的爱，母亲要以值得称道的方式来表达这样的爱，符合这样定义的就是“良善而有道德的母亲”；而从另一方面来说，一位母亲若没办法表达出她对孩子的爱，将被认为是不道德、缺乏女性特质、有缺陷及最重要的——

---

1 social perception，指个人根据一个人或一群人的外表、属性、行为与所处情境等因素，判断特定对象的性格、情绪与能力，因而形成某种印象或推断行为原因的心理作用。

不合格。这样的说法仿若母爱是非常自然的，就像生物本能那样。

从这种角度来看，人们似乎认为这些母亲的懊悔证实了她们没有内建母爱。多琳说：“人们会这样假设，如果你不想要孩子，或者你已经有了孩子而你不想要孩子——你就是不爱他们。”人们将后悔与缺乏母爱联系在一起，吹毛求疵地认为后悔和母爱是不可能共存的：如果有爱，就不会后悔；而如果后悔，就不会有爱。社会对“我爱孩子，但后悔当妈妈”这句话的共同反应经常是“这不可能！”，因为社会认为“希望抹去人生中的母亲经历”怎么可能不等同于“希望抹去那些挚爱的人”呢？然而，如果在一段痛苦的恋爱关系后说出“我仍然爱他但我后悔认识他”，人们并不会用同样的方式质疑类似的说法。换句话说，也许是母亲的神圣性使人难以承认母亲在爱孩子的同时，那样的爱或那些背景会给她的人生带来广泛影响。

这种“非此即彼”的内化，可能导致母亲去强调她的母爱是确实存在的。通过强调对孩子的爱，可能降低她们在个人或公共视野中所受到的责难程度。如果“‘爱’成为受人尊敬的女性特质的象征，以及被描述为感动别人和被人感动的母性品质的象征”，那么，强调她们后悔的目标是母亲身份而非孩子，也许能让这些女性被视为有道德的女人，让她们被当作完整的人类看待。

此外，母亲们坚持她们爱孩子但同时后悔了，也可能意味着社会倾力用二分法来组构我们的内心世界：不是爱，就是后悔。这使得女性处于社会的压迫之下，但其实真正的情况是连续的、整合的主观感受，没有办法被归类到特定的分类中，那些因为后悔而留下的各种情绪。

关怀的义务

人们不但将女性的后悔诠释为缺乏母爱，还把后悔和对孩子的危害行为挂钩，因此人们常常将后悔与漠不关心、敌意、忽视和暴力联系在一起。

苏茜（有两个介于十五岁到二十岁之间的孩子）

苏茜："社工和老师给予我们家长指引，所以我们谈到那些事实，就是……我告诉他们，而当他们听到我的想法，每一次都充满震惊，他们说：'如果我们不认识你的话，我们会带走你的孩子；如果我们不认识你，我们会说你的孩子们太不幸了。'（中略）这太恼人了，而我要说：'正好相反！'正因为如此，我要说：'我没有忽视我女儿！'"

其他母亲也面临着类似的解读，一位后悔的母亲表示：

"我太天真了！当我这么告诉幼教中心的护士时，她找了个社工给我，社工威胁要带走我的孩子并强迫我在六个月内都要找她报到，理由是‘要检验我的母亲职责’。所以像这样的研究真是太重要了，让我们有发声的机会，让女性能够表达她们的负面想法和负面情绪，（中略）而不是妖魔化这些女性，或认为她们是不法之徒。”

有些人甚至将这些母亲的后悔解读为有杀害孩子的意图：

“这真是太糟了！后悔等同于对孩子的生命弃之不顾……等同于把孩子们淹死在浴缸或大海之中。”

所以这样看来，社会不仅期望这些后悔当妈妈的女性能证明她们对孩子的爱，还希望她们能证明自己能全心为了孩子及其福祉而奉献（爱一个人和实际照顾一个人并不是同一回事），证明她们不会因为本身对母亲身份的情感态度而虐待孩子[1]。

卡罗尔·吉利根（Carol Gilligan）在论述其“关怀伦理学”（Ethic of Care）的概念时，提到了人们怎么看待对于儿童和

---

1 参与研究的女性中，有三位提到她们对自己的孩子使用暴力，其中两位说明她们接受专业人士的协助后就再也没有如此对待孩子了。我提到这件事的原因是：任何针对儿童的暴力行为都是值得注意的，并非因为这个特定的研究主题，才需要关注这件事。我应当提醒各位，我们不必过于针对这个统计数据——一个数据可能无法反映真实的情况，但后悔当妈妈的相关数据却被视为独立个案——不必匆忙得出结论（这类结论多数证实了对后悔当妈妈的不准确看法）。

他人的奉献及责任。吉利根说，主体间性[1]和女性的奉献都反映出对其他人的道德责任，女性要维持关心、保护、适应并体贴他人的需要，甚至是达到抹杀自己的需求和感受的程度。

我们在访谈中针对这些伦理议题进行大篇幅讨论，然而，尽管有女性声明她们因为成为母亲而能表现她们的关怀伦理学，并成为能爱护与培育孩子的人类、女性及母亲。但在这项研究中，受访的女性则以几种不同的方式表示，她们对已经来到这世界的孩子有负责和奉献的义务，而有时这些义务会以略显荒谬的形式展现。

欧德雅（有一个介于一岁到五岁之间的孩子）

欧德雅："我爱他。我是一个非常非常负责任的母亲，甚至可以说是歇斯底里了，我甚至争取孩子的探视权——因为我觉得他爷爷的家并不安全，所以即使我不想，我还是争取探视权（笑）。"

我："孩子的父亲那边呢？"

欧德雅："探视协议是一个星期一次，每次是一个晚上。他父亲在下午三点送孩子来，孩子在我这儿待到隔天早上。就像我说的，我现在正为了和孩子过夜的那个晚上奋战，这很荒谬，这真的太荒谬了。"

我："让你觉得荒谬的部分，在于你争取了其实不

---

1 intersubjectivity，意指个体能站在他人的立场设想他人的观点，并了解对方的需求，提供适当的回应。

想要的探视权？”

欧德雅："其实我是真的想探视孩子，我真的这么想，因为我还是希望孩子能够健康长大，我相信这样是为他好。我对此一筹莫展，我已经把他带到这个世界——我有照顾他的责任，既然我把他生到这个世界上了，我就背负着很多责任——我不会放弃我的孩子。我是真的想尽我的最大能力照顾他，至少我是这么相信的，即使这要让我付出代价。”

索菲娅（有两个介于一岁到五岁之间的孩子）

索菲娅："尽管我已经向你倾诉了所有的愤怒和其他的一切——但我绝不是个疏忽孩子的母亲。我很负责任，我尽最大的努力照顾他们，真的……给他们最需要的细致照护。我因此受苦，为此哭泣，但我还是努力照顾他们。（中略）我真的是个好妈妈，这么说有点难为情，但我非常重视我的孩子，我爱他们。为他们读书，接受专业指导，尽我所能地教育他们，给他们爱与温情。孩子们喜欢我，他们爱我，他们过着幸福快乐的生活，虽然父母身份对我来说非常艰难，但我还是个好妈妈。（中略）可这真的很荒诞，因为我不想要他们，我真的不想要他们，但他们已经在这世界上了，他们已经出生了。”

森妮（有四个孩子，两个介于五岁到十岁之间，

两个介于十岁到十五岁之间）

我：“你的后悔有反映在你的现实生活当中吗？”

森妮：“有可能，但是从相反的方向反映出来：我越是感到后悔，就奉献给他们越多。这不是补偿，而是……这么做是很重要的……将我的过去转变成他们的美好经历。我理解让我后悔的是我的过去与现在的生活，但我不想影响他们，我不希望他们背负着沉重的包袱。看，每个人从童年开始多少会背负着什么长大，但……我不希望他们以任何形式和方式接触到这件事。我希望他们是幸福的，当他们快乐时，我也会感觉到平静，就某种程度来说，这能够终止我孩提时代时所受的苦难。

“让我做个区别：从一方面来说，我是个人，而另一方面我也是个母亲，这是两种不同的本质，我不能让孩子们因为这个受伤。我知道这听起来有点矛盾，我不知道，也许，我的内心住着两个女人，而我不希望我的孩子因为另一个我而受伤。发生在我身上的事不应该归罪于他们，他们不该为此背上负担，他们只需要像其他孩子那样快乐就好了。”

不想为人母的母亲背负着双重责任：其中一层责任是因为个人和社会的期待而背负着孩子的福祉，因此她们会用心培育自己的孩子；另一层责任则是因为自觉是自己将孩子带到这个世界上来的。

她们一方面希望自己可以不是任何人的母亲，一方面又明白自己处于有孩子的现实中，夹在希望与现实之间，这样的双重责任可能会造成她们自我认同的分裂和纠结，就如同森妮所表示，以及多琳随后补充的："我觉得我自己分裂成两个人，有时我认为自己患了精神分裂症。"

因此，许多母亲因为照护孩子的义务而把自己推到一边去，聚精会神地关照孩子们的需求，甚至关注孩子到了要抹消自己需求和感受的程度。而当这些女性后悔成为母亲时，这样的关爱义务往往会被进一步扩大开来。

做母亲：无休无止

> "因为自己的关系，我会希望我的孩子不要结婚生子，因为这让我害怕：我不希望这件事出现在我的人生当中。如果我有孙子，我就会再次被迫背负义务，并且被要求去做那些我不想做的事情。（中略）那只会成为我的包袱。"
>
> ——斯凯（有三个孩子，两个介于十五岁到二十岁之间，一个介于二十岁到二十五岁之间）

就在这个当口，很多妈妈正在抚育孩子：哺乳、换尿布、哄他们睡觉、叫醒他们、送他们到托儿所或学校、烹饪并喂食、协助穿衣、帮助他们做家庭作业、教育他们、带他们去上课、去游泳池、去海滩、去游乐场、参加学校的各种活动和会议、照料生病的孩子等等。这些事情，或至少其中一部分事情，就是大多数女性的日常活动。某些社会阶层和文化认为，这些活动符合孩子的需求及益处，孩子们长大时能从中受惠。

而有些母亲在进行这些事情时是非常辛苦的。

海伦（有两个介于十五岁到二十岁之间的孩子）

海伦："我马上就开始给孩子喂母乳，第一次洗澡——我做了所有该做的事，所以这并不是因为我在担心什么事，一切都很顺利，我们不需要任何协助。但从另一方面来说，出门散步或去公园，有时我觉得这些令人难以忍受，我完全没办法带他们去散步，就是不行。星期六时，他（海伦的配偶）会起床并带他们去，这对他来说不成什么问题。而当我带他们去公园时……这是我从生理上就没办法办到的事（一边讲一边敲桌子）。"

欧德雅（有一个介于一岁到五岁之间的孩子）

欧德雅："在最初的两年里，我按表操课：更衣、清洁、整理、带他去幼儿园、从幼儿园接他回家。我会确定我有拥抱、亲吻孩子，并确认我已经提供给孩子我所认为他需要的一切。这些对我来说非常艰难，后来我去找了治疗师并谈到我的母亲职责，我只能说，好吧，那是我能够做的，所以没问题。但我不喜欢这个年龄的孩子，我做这些事情是基于义务，而我尽量

> 不去做那些让我痛苦的部分——我不会带我的孩子去游乐场（笑）。我不……我可以带他去咖啡馆，虽然那没那么好玩。（中略）我把我的重点放在技术环节，虽然我没办法打从心底喜欢那些事，对我来说那些就是按规则完成的事，我可以拿出一个娃娃并跟它玩，这对我来说是差不多的事情。”

有许多母亲（远比社会所承认的要多）都谈到这类艰辛，即使是那些并未后悔当妈妈的女性也是如此。其中一件能够提供安慰的事情是：这些是有时间限制的，也就是说，到了某个时候，当孩子们能够自立并独立生活时，理论上母亲们就不需要照料孩子们了。

但现实可不是如此，她们往往无法卸下义务、责任及对孩子的担忧，即使她们不必实际照顾孩子了，许多女性还是保存着她们的母性意识，而且是二十四小时全年无休。就像贾丝明所说的："如果是配偶的话，至少他出国的时候你就能有一定的自由，但如果是孩子，孩子总是一直在你的脑海里。"

对许多女性来说，母亲身份不断盘旋在她们的脑海中，而且不会受到物理上的限制：当她在远离孩子的地方度假时，会想到自己是个母亲；当她在监狱里面时，会想到自己是个母亲；当她们为了养家而到其他国家工作时，会想到还在祖国的孩子；当孩子已经独立了，无论他是住在对街或是海洋的另一边，她还是会想到自己是个母亲。母亲永远是母亲，即使她没有身体力行地照顾孩子——例如说孩子送养给其他家庭，或是她的孩子已经逝去，她依然是母亲。俗话这么说：“一日为母，终身为母。”联结母亲与胎儿的脐带在孩子出生之后依然联结在母子之间。

索菲娅（有两个介于一岁到五岁之间的孩子）

索菲娅：“即使……上帝保佑！即使他们死了，他们还是会跟我的余生联结在一起的。对他们的哀悼、和他们一起的记忆，这些痛楚是让人无法忍受的，如果现在失去他们，我会得到一些纾解，但是我受到的痛楚会远超过我所得到的纾解。他们已经在这儿了，而我对此无能为力。（中略）我没有办法，他们已经出生了，他们就像是磨刀石，即使已经不在世上了，对我来说还是一样。就是这样，这就是问题所在，这就是为什么我建议不要生孩子（笑）。（中略）没关系的，我丈夫问我如果我们能有一百万美元和保姆，情况会不会好一点？——其实这都不是重点，我们是家长，我们为人父母，所以有责任，我们要担负起责任和痛苦，而我以前并不明白，只确信我们会得到很多帮助，我会从中得到乐趣，我会有宝宝。”

卡梅尔（有一个介于十五岁到二十岁之间的孩子）

卡梅尔：“我是个了不起的母亲，无论任何时候我都能够证实这一点。我付出了很高的代价，而我得到的回报是：担忧和心痛。这并不是像‘他会从自行车上跌下来、他可能会被车撞上！’这种担忧，那些都是小事，像那种程度的担忧，我会有一点儿，但不多。我在讲的是更高层次的心痛，像是……这种忧心是随着年龄变化的……当他还小的时候他有社交障碍，这让我难过到快要死了。当他没办法和其他孩子相处、交不到朋友、孤单一人时，我会因为这些事情而绝望，这让我感到难受。而现在我担心的是他长大以后会变成怎样的人，这没关系的，我称之为‘存在主义式的担忧’。我为所有事情感到心痛、焦虑、烦恼。”

娜奥米（有两个介于四十岁到五十岁之间的孩子，她已经当上祖母）

娜奥米：“有些事情对我来说真的很艰难，但那是我对孩子的责任，即使他们现在已经长大了，我也没办法把责任放下（笑）。可怕，这真是可怕，现在我觉得我对我的孙子有责任，也许因为我的孙子有自己的父母，所以这个责任感觉没那么大，但责任还是责任。我不会因此而能歇息片刻。”

巴莉的孩子有精神障碍，她在受访时提到她不只需要时间资源，也需要物质资源，而且她还得不断留心她的孩子。

巴莉（有一个介于一岁到五岁之间的孩子）

我：“你提到，有几次你和她在一起但不用伴着她，这种时候你就可以做些你喜欢和想做的事情。你在这种情况下会遭遇什么困难吗？”

巴莉：“这是个重担，很容易让人失去耐心，一切都跟她的日程安排有关，而且这一切总在我所处的背景中运作，你会听到声音、你会感觉到责任，而且没办法不去想这些，这种情况还是二十四小时全天候，事实就是我根本没办法自由地去做我想做的事。时间非常有限，我的资源也很有限，我必须省下力气，我需要花上很多力气才能陪着她，而且我根本什么事情都做不了。”

因此，无论是单独抚养自己的孩子，或是和配偶一起抚养，又或是孩子只和父亲住在一起——母亲仍会象征性地持续喂哺孩子，在她们的意识中照顾孩子，即使孩子已经成年了也依然如此。

这种被束缚的主观体验是当代社会对母亲的苛刻要求所造成的结果之一。无论母亲和孩子的关系如何，她的知觉都必须与母亲身份合而为一，否则就会被视为“坏妈妈”。这样的联结还和时间及其他背景相关：一般来说，母亲是孩子的主要照料者，而且照顾孩子所用的时间和“时钟时间”不同，因为照料孩子通常不会有开头和结尾，照料孩子就如同是她们随时待命的任务，需要耗费注意力、耐心和反应能力。照这样来看，照料孩子的起始和终点完全是看事件什么时候发生及如何发生；耗费的时间无法被量化及估计，因为在许多情况下，母亲是在进行其他任务时同步照顾孩子。

这使得母亲的责任成为没完没了的历程，并永远联系着无数的女性和其子女。对这些母亲而言，孩子的脐带就像是系在她们的脖子上，这条脐带使她们难以动弹、无法离开。她们不觉得自己是自己的主人，即使当上祖母也依然如此。

研究文献和通俗文章中有许多母亲们挣扎着在照顾孩子的同时，仍能保有自我的叙述，但这项研究的许多参与者对于这样挣扎奋战的描述是让人难以忍受的，难忍到她们希望抹去自己的母亲身份。

讨论了这么多关于母亲的部分，也许有人会问配偶或父亲在这个永无止境的历程中扮演怎样的角色。

父亲去哪儿了？

参与研究的女性当中，大多数会提到孩子的父亲，但其中有许多父亲在照顾孩子的时候是缺席的。虽然就生理上来说只有女性的身体可以喂哺母乳，但照顾孩子可不是只有母亲才能做到，然而大多数的父亲还是缺席的。

埃丽卡（有四个介于三十岁到四十岁之间的孩子，她已经当上祖母）

埃丽卡："照顾这些孩子的期间，我没有一天是轻松的，没有一天。四个孩子去上学，每个孩子都有不同的个性、不同的需求，而当我为了这些需求团团转时，我丈夫对这个家庭除了薪水以外没有任何贡献。他认为他的工作就是把钱带回家——他完成了。他也会跟孩子说‘早安’，有时在我提醒他之前也会跟孩子说‘晚安’——他会小憩一下然后去上夜班，牺牲陪伴我的时间而不是孩子们的。(中略)他跟空气差不多,他去工作，然后赚钱，仅此而已，他什么也没干。我真希望事情不是这样，我的家庭不是这样，然后也许我们今天就不用坐在这里谈这个，我真的希望事情能够改变。”

苏茜（有两个介于十五岁到二十岁之间的孩子）

苏茜:“总是有些当老板或高阶主管的男人自豪自己在家里也是个好伴侣，而我总是笑着问这些人，他们上次发现卫生纸没了,或是牙膏快用完是何时？（中略）当他们（苏茜的孩子们）在爸爸那边时，我总是担心他们并问他们做了什么事。我听他们说了这些事情:他们的父亲很快乐，下班回家后和他的女朋友一起看电视、吃晚餐——他哪有什么好在乎的？（为什么我对他尖叫、对他破口大骂？因为他得负起责任，至少当孩子们与他还在一起的时候。)”

布伦达(有三个介于二十岁到二十五岁之间的孩子)

布伦达:“我独自一人抚养孩子，因为他们的父亲对我们漠不关心，也没有参与照顾孩子，甚至没有给

> 我们钱。（中略）我简直等不及他要来带孩子的日子，他偶尔会隔两个星期带孩子们一起过周末，而只要孩子去爸爸那边，上帝见证！我总是祈祷希望这个周末能够持续一个月，这样我就可以独自花一些时间在自己身上。他开始威胁我说将会要求子女的监护权，而当我说我不介意他带走孩子，我在周末见孩子就好时，他非常震惊。因为我得去工作，所以我不得不离家许久，我是唯一养家的人。而如果我有钱的话，我会雇人来陪伴孩子们一下午，这样我就可以出门伸展一下、呼吸新鲜空气。我无法理解那些拒绝和离婚对象一起抚养孩子的女人，我的意思是，那些离婚但独自抚养孩子的女人，在我眼里能够解决问题最好的方式是——一个能够多陪陪孩子的好父亲，然后母亲可以多花时间在自己身上，这样忙碌的生活就可以喊个暂停。”

这样看起来，有时父亲这个角色是存在的，但同时他们可能没做什么事。也就是说，无论父亲存在与否，许多母亲们还是难以安排母职，这得看母亲有没有能力制造出中场休息的时间，而这样的暂停能力则跟对性别分工的观感有关。就喂哺孩子来说，社会容许父亲在这段时间不管事，母亲喂宝宝时父亲还能继续睡觉。然而，像喂哺母乳这种生理上的豁免，常被解读为长期免除“第二轮班”——下班后要打扫、煮饭、带孩子上课、协助家庭作业等等。接着父亲也自“第三轮班”——情感劳动，试图修补第一轮和第二轮的工作所引起的冲突——中缺席。

因此，一般来说，父亲有更多掌握自己时间的能力，而母亲能掌控在自己手中的时间较少。参与研究的母亲们，无论是结婚、离婚或分居，还是出门工作赚钱或在家里无偿工作，都表示她们是承担抚育孩子的责任最多的人。反之，父亲则能够钻漏子，在时间或空间上都能免除照护孩子的工作："父亲们觉得自己也有付出，但事实上他们更像是转身逃跑。研究证明，孩子出生后，父亲更显著地投入加班及寻找新的嗜好中——尽可能让自己在晚上及周末不闲着。当然，并不是所有的父亲都是如此，但他们认为带宝宝使人精疲力竭，因此试图让自己脱身。社会接受父亲豁免育儿工作，但如果母亲说：'我想去做瑜伽，明天我要外出一趟并跟朋友喝个饮料。'那周围的人都会感到惊奇：'这女人有什么毛病啊？'"

或者就像另一个博客在提到母亲身份时所说的：

> "一个母亲如果让她的孩子在晚上七点后熬夜，那人们会说她是个漠不关心的母亲；但父亲呢，他们可以去德国、巴西或火星，而且永远不会是漠不关心的父亲。男人们才不会是不关心孩子的父亲呢！"

如果仔细检视和父母相关的时空交叉口，可能会意识到过去几十年来美国的用语变化（而且这很可能不是巧合）——从"housewife"变成"stay at home mom"。前者指女人的身份是待在家里（house）的妻子（wife），而后者在20世纪末到21世纪初开始普遍使用，已经把妻子的身份推到一旁，并将女人的身份升华为母亲，虽然仍然是待在家里的女人。

虽然男性和女性都努力在时间夹缝中求生，但母亲通常是那个把时间留给孩子的人。从这个层面来看，父亲的缺席会帮忙建立起母亲持续抚慰孩子的印象，母亲几乎没什么暂离或休息的可能性，而大多数的父亲则可以钻空溜走。

并非只有参与本研究的母亲才会有这种时间受限的困扰，差别在于后悔当妈妈的女性缺乏母亲身份带来的喜悦和满足来平衡这种感觉。因此，没办法获得中场休息可能会使许多母亲感到窒息，母亲们不只希望暂时性地摆脱母亲这重身份，而是想要彻底地抹掉母亲身份，因为这种窒息的感觉几乎是场大灾难。

除了这些父亲缺席的案例以外，还有其他父母职务分工较为平均、共同抚育孩子的案例。

莉兹（有一个介于一岁到五岁之间的孩子）

莉兹："是的，我听说过夫妻俩合作育儿的事，但我听到的大多数是国外的例子。此外，如果我把这个担子分摊出去，就意味着我得说明或解释我要什么，才能让别人明白，这也是个问题。"

我："所以在你的眼里，你的后悔不是因为你承担了大部分的负担？"

莉兹："不是，完全不是。是因为多年来我完全不想要孩子，我不是会当妈妈的那种人。所以我从刚生下孩子时就这么说：'这是我们的宝宝，我们真是运气够好才能生下他，我们都不懂育儿，但我们可以一起学着当爸妈。'我从未说过因为我是女人，我懂，所以我是母亲。其实我刚当妈妈时什么都不懂……我认为在很多情况下，女人说'我比较懂'只是因为她是女人，而非她真的懂照料孩子。随着时间推移这就成了女人的固定职务了，而她会发现，当她想要喘口气时，对方会对此感到吃惊，所以情况就变得更艰困和复杂。但就我们的情况来说，刚好相反，他做了很多我没有做的事情。"

在海伦的情况中，孩子几乎是由孩子的父亲抚育的，即使是在他们还住在一块儿的时候也是。

海伦（有两个介于十五岁到二十岁之间的孩子）

海伦："总之，我觉得我不适合当妈妈，那不适合我，我不喜欢，我不。我不喜欢对孩子啧啧出声或是坐着摇上几小时的拨浪鼓，我不喜欢；我不喜欢坐着几个小时，读同样的故事或是听同一首歌；有些人喜欢这么做，但我不喜欢，我感到很痛苦。我一点都不享受那种乐趣，我很痛苦，深深地为此所苦，真的很糟，真真正正地糟糕。有时候我会打电话给我的丈夫，告诉他如果他不马上回家的话我会崩溃，真正的崩溃，真的，真的！不是‘也许会崩溃’或是‘仿佛会崩溃’，而是真正的情绪崩溃。

“（中略）我还记得我喜欢在晚上、在沐浴时间或其他时候离开屋子……那就是为什么我告诉我丈夫，他才是那个妈妈，他像头大象一样有耐心，我在下班回家后对任何事物都没有耐心，而他下班回家后会开始在屋里工作——替孩子们洗澡、做晚餐，每一件事，而我根本就没有机会做这些事。”

但能够免除育儿工作，不代表就能割裂母亲和孩子之间的联系，就如同海伦所经历的：

海伦（有两个介于十五岁到二十岁之间的孩子）

海伦：“对我来说，责任就是个问题。我不……我不确定我是不是在自我解释：养育一个人的责任，我说的不是那种‘哦不！他就要……’的责任。它是某种就位于这里（打手势指向头部后方）的责任，你已经永远没有自由了，不是自由的了……我不知道这样解释是不是足够，这就像是……你得为自己负责任，但你不必扛起伴侣的责任，因为他已经长大成人了，你只是跟他在一起——而从此以后你不孤单了。就是这样，你不会孤独了，但是你也不再自由了。”

让我们回头继续谈“母亲是个没完没了的历程”这回事吧，这样象征性的抚育孩子似乎永无休止，而这种侵入性不一定和父亲是否存在相关。即使母亲们有可以分担或依靠的人，后悔的母亲仍然希望能够脱离这个在时间和空间上永无止境的负担。换句话说，她们渴望有个终点，能够让她们重回“正常”的生活并重拾自我。与此相对，母亲的知觉会持续地提醒她们，即使配偶协助抚育孩子、分担工作，当妈妈的时间仍是循环和永久的。而也因为现实生活中无法脱离这个循环，所以至少在想象中，她们会试着将自己或子女从家庭中移除。

抹去母亲，或抹去孩子

由于母亲没办法回到从前还不是母亲的时光，也没办法终止和孩子的亲子关系，她们开始采取不同的方式来应对这种情况，其中一种方式是进入想象和幻想中，希望孩子们消失。

索菲娅（有两个介于一岁到五岁之间的孩子）

索菲娅：“我从来没有幻想去伤害这些孩子——我只是会幻想，有一群小矮人（偷笑），他们说：‘好吧，让我们重来吧，这次他们就不在了。他们不会发生什么事，他们只是不在了，不会知道发生什么事，不会经历这些了。’然后我就会轻松一点。”

卡梅尔（有一个介于十五岁到二十岁之间的孩子）

我："你有没有想过……"

卡梅尔："当然有。"（卡梅尔在我问完问题之前就抢着回答了）

我："起身然后离开？"

卡梅尔："你问起身然后离开？我还以为你要问别的东西呢（笑）。"

我："你觉得我想问什么？"

卡梅尔："杀了他？是，是，是！我想过好几次，直到今天为止，直到今天为止都是，我不是在幻想中缜密策划这件事，而且这当然不会发生……但是我幻想他生病，然后病死了——到今天我还是会这样幻想，每时每刻。我告诉你的这些可怕的事情，今晚可能就会出现在我梦中。但如果现实中的今晚，他病死了，那我宁可去死。这是……但就某种方面来说，这样让我放心一点了。我知道，这真是太可怕了，我这样说真是太可怕了，但这就是事实，事实是如果他病死了，那我可能会感到放松。（中略）这真的很难，听着，这些关于他死去的幻想，都是可怕的负担，而我一直都承受着这些，每分每秒。"

欧德雅（有一个介于一岁到五岁之间的孩子）

欧德雅："有时候我会这样问自己：'为什么我会这

样想……为什么？希望他永远消失？’虽然说其实我并不……你知道，实际上我并不希望他消失，但是在我的情感中，有时，我会希望他消失。我并不是真的那么希望他消失，而如果他真的消失了，我会感到更后悔，觉得自己该死的为什么这样希望。”

多琳（有三个介于五岁到十岁之间的孩子）

我：“当你意识到自己后悔时，你有什么想法？”

多琳：“哦，无时无刻，每分每秒，每一天。是的这真是太糟了，我有三个孩子在家里，他们非常任性，他们会打架，有时我会发现自己……哦我永远不会这样跟他们说的，我忍着不说出这些话，只悄悄对自己说：‘上帝啊，我希望他们消失。’我告诉自己，他们挡住了我的人生，他们得离开。而这些话藏在我的内心深处，藏在比‘哦，我累了，我筋疲力尽，但没问题，孩子们总是会这样任性，而他们会长大的’更深的地方。”

杰姬（有三个孩子，一个介于一岁到五岁之间，两个介于五岁到十岁之间）

杰姬：“我希望当我醒来时他们都不见了。仅仅是希望……但我知道这是不能说出来的事情，可是……”

其他参与本研究的女性，叙述的幻想内容并没提到希望孩子们消失，但她们希望将自己从家庭中移除（有时希望孩子消失的母亲也会希望将自己移除)。

索菲娅(有两个介于一岁到五岁之间的孩子)

索菲娅:“我曾这么想过……把他们留给他们的父亲。如果在这段关系中我是男人,那我可能已经离开了(而且我这么想好久了,虽然有时候我丈夫做得比我好很多)。我真的希望把孩子留给他,然后我离开。

“但有两个理由使我没真的这么做:其一是这是社会所不能接受的,我害怕其他人对此的反应,我的家人不会接受这种事,我将因此孑然一身地活在世上。而更重要的是:内疚。对我来说,我把他们带到这个世界上来,他们就是我的责任,而我现在必须面对这件事,即使这意味着我的人生就此一去不复返了。我觉得我的人生已经了结了、没了,我没有其他选择,我必须这么做,孩子们需要父母,我不希望他们因此精神受创。我不希望他们经历我曾经有过的那种童年,而且孩子们毫无选择。但如果不考虑这些的话,我会离开的,因为我真的不想跟他们在一块儿。”

多琳(有三个介于五岁到十岁之间的孩子)

多琳:“告诉你吧,有天我读到一篇文章,内容是关于一个女人被丈夫抛弃了,她描述了他是怎么离开的,她说:‘他拿起垃圾,说他要去外面丢垃圾,然后他就再也没有回家过了。’不知道为什么,这件事情一直留在我的脑海中，我一直在想：‘哇哦，如果我带着垃圾出门，然后就此离开了，那会发生什么事呢？’但我感到自己有责任。没了，就这样。而且我知道我将为我做的每件事情付出代价，而我不想……但我的脑中好几次闪过这样的念头，尤其现在，我想到了离婚。我可以告诉埃亚尔：‘你留下，我走吧。’这曾经是我的选项。”

我：“那为什么你没这么做呢？”

多琳：“因为我不认为自己能面对社会的反应，以及……我不是按时间顺序来说这些事情的——而且我，我认为孩子们需要我，非常需要我。我不是以此为借口，我对他们来说很重要，他们非常依恋我，但我同时也会问：‘真的是这样吗？我真的那么重要吗？’就是这样，我就像被分裂成两个人，有时候我觉得自己精神分裂了。而且我明明知道不该这样想，但有时候我还是会这样告诉自己：‘该死的，这真是够了！让我结束这一切吧。’（中略）如果今天我真的拿起垃圾出门，然后再也不回家，就这样，而孩子们会长大，每个人都会长大，就算最后你继续前进了，世界也不会因此停止运转，但最终你还是得付出代价。也许二十年后我会希望跟他们联系？或者……或者其他东西？总是有些关于人生的数学运算。我要再强调一次，我认为这对他们来说是有好处的，但这又是把别人的优先次序摆在我自己之前了。我告诉自己：我是个成熟的女人，我做了选择，而我会承担这样的责任，我没有从这个问题前逃开。但这并没有让一切变得比较轻松，这没有减轻我的痛苦。”

德布拉（有两个介于十岁到十五岁之间的孩子）

德布拉:“我的婚姻目前面临困境，而我考虑的其中一件事情是离开。这事对我来说还挺明显的，如果我离开，我是不会带走孩子的，我的意思是，孩子是这段婚姻的一部分，而且是属于我丈夫的一部分，如果我们分开了，那么，很明显地，我觉得孩子们应该跟父亲在一起。并不是因为我没办法照顾他们，而是我不想要，这不是……我不觉得我天生想这样，或是我需要这个，而且如果孩子们就是他的理由的话，我更没道理留下他们。

“（中略）几个月前我去见了治疗师，我们谈论了一些问题，其中一个是关于父亲与母亲身份的，我说如果不是因为孩子的话，我可能会做某事与某事，而治疗师告诉我:‘但那不是你的世界中的选项，因为你不会抛弃你的孩子，你不会让他们住到收容机构或是寄宿学校，并不是因为这个选项不存在，而是因为你是个忠诚而负责的人，所以这个选项不在你的考虑范围内。’他说的是对的，这可不是什么我能够交托给别人的责任。也许某种程度上，我发现离婚这个选项有其吸引人之处:因为我可以放弃孩子，这是那个选项诱人的原因之一。也许这听起来有点扭曲，但它吸引人的地方在于我可以得到一个出口，而这个出口就是将他们交给他们的父亲，这真是一个很棒的出口。我不想放弃我的伴侣，我爱他，而且仍然相信他是最适合我的，作为丈夫没有人比他更好了。但离婚听起来更像一个解决问题或困境的方案，我为了要放弃孩子而打算放弃我所爱的男人（笑）。”

马娅（有两个孩子，一个介于一岁到五岁之间，一个介于五岁到十岁之间，受访时怀有身孕）

马娅：“我看过一些电影和书籍，关于承受不了一切的母亲起身离开。而……我不知道，这可能让我想到我是个被收养的孩子的事实。你知道的，这就像个禁忌，她是怎样的人啊？为什么可以做出这些事情？而我呢？作为她的孩子的我呢？你了解吗？所以我只是想想而已，但我永远不会有勇气那么做的，即使我真的那样做了，我也不会因此而快乐。”

我：“你是指，起身离开？”

马娅：“是的，起身离开。”

我：“你是说，有时候你会想要离开？”

马娅：“在我的幻想中，你知道的，就像你也会有你知道永远无法实现的性幻想，我的幻想就是像那样的幻想——我知道那是我永远不会去做的事，即使他们说一切都在计划之中，但我知道我绝不会去做，即

> 使只是单纯想想都会让我觉得胃抽搐了一下。我能想象我的孩子们会问：‘为什么妈妈会离开我们？我们该怎么办？是因为我们是坏孩子吗？’而我想象他们会有这些想法，所以……不，不会的，我不能让这种事情发生，我不能让这种情况发生，所以我会坚持下去，相对地坚持（笑）。我不能去这儿也不能去那儿，因为不管做哪个选择我都不会完整的。孩子们已经来到这个世界，我无法改变这个现实。”

其他文献中的母亲们也曾用不同的方式表达过相同的幻想，例如可以在美国社会学家芭芭拉·卡茨·罗斯曼（Barbara Katz Rothman）所写的段落中看到这样的记述，她幻想自己的孩子被带走时，也持续强调她喜爱母亲身份：“正如你所看到的，我喜欢当妈妈，我正满是激情地为母亲身份辩护。我对我的孩子大叫，希望自己能够离他们很远很远，我感到愤怒、沮丧，有着纯然憎恨的时刻——所有够诚实的人都不得不承认那些都是母亲的一部分。但我喜欢当妈妈。”

这些母亲们所共有的幻想，其区别在于叙述后的“但”。对一些母亲来说，幻想孩子们消失或从她们生活中移除，也可能是她们所爱的母亲经历的一部分。而对另一些母亲来说，那些幻想是后悔的一部分，她们希望完全移除自己的母亲身份，并让自己恢复到从前那个没有生下子女的女人的身份。

但因为“孩子们已经来到这个世界”及她们自觉自己是母亲，因此她们的幻想是不可能实现的。而这样的幻想会像一阵吹在脖子上的冷风，提醒她们，有时是每一分、每一秒，让她们知道自己永远都是孩子的妈妈。因此就像多琳所说的，在这个“人生的数学运算”中，她们选择维持现状，那些将自己从家庭数学式中删除的选项被往后推了。

母亲们对于母亲身份“看不到出口”及“缺乏中场休息”深有同感，她们觉得必须将孩子的需求放在首位，她们有义务留下。尽管有着那些自行消失的幻想，但母亲们还是说自己别无选择，而将自己定位在家庭与母亲身份之中，因为她们将孩子的福祉视为第一优先顺序，她们需要让自己的幻想消失。在这样的脉络下，萨拉·鲁迪克（Sara Ruddick）认为，母亲们内心显然可能会从强烈的爱转变为渴望摆脱孩子们，但她们的实际行动却是基于她们和子女间的承诺——永不过期的爱。

然而这是个很好的问题：这样的爱可以维持什么呢？就像鲁迪克所提到的，这样的爱可以维持孩子们目前及未来的福祉，同时，对那些害怕社会崩溃的人来说，这样的爱也可以维持社会秩序。一个决定和孩子们分开的母亲会改变世界秩序，她偏离社会所接受的行动准则，而这个准则是基于要求苛刻的母亲模范所制定的，故而她们会因为社会注视的目光而在现实中维持现状，只在脑海中用想象力违规，这些准则已经内化在她们心中，以确保社会秩序仍然不变。由于内疚，以及恐惧来自家庭和社会的愤怒将使她们变得孤独，所以保证不离开不只是为了孩子，也是因为她们害怕独自面对社会的指责。

不过，父亲是被差别对待的：社会可能也会鄙视离开孩子的父亲，但他们不至于遭受女性要面对的强烈谴责。公众对于离开孩子的父亲关注较少，实际上，分手或离婚后，放下伴侣及孩子离家而去的父亲比母亲要来得多。当女性离家时，她们会被贴标签并受到谴责，而且被迫放弃她们被孩子称为妈妈的权利。

社会认为养育孩子是女性的天性（而男人没有这个天性），因为这个一致的、神话般的、超乎历史的看法而谴责女性。

因此，男人、女人、心理健康专家及法律代理人经常以此为理由免除父亲的责任，对他们的离家抱持相对沉默的态度。但母亲们往往为相同的事受到强烈的谴责。有时候她们还是离开了，女人可能会想要、同意或建立协议，让自己和孩子分开住，但不后悔孩子的出生。分开居住可能是一种后悔的实践行为，或是为了应付后悔而做出的选择。[1]

不和孩子住

纵观历史与多元文化，那些和子女分居，并让孩子与父亲或其他家庭成员住在一起的母亲，并未被世人当作是有毛

---

1 下文那些和年幼或青少年时期的孩子分居的母亲的叙述，会受到社会的特别关注，真的只是因为她们是女人吗？这只是我列入考量的其中一个可能性，而且我相信，对那些不希望为人母，但害怕因为和孩子分开住而遭到社会谴责的母亲来说，这件事影响她们的主观感受。

病的女人。例如，在中世纪时，信仰基督教的女性如果离开家园和孩子，住到修道院侍奉上帝，她们会获得尊敬和赞扬，而不会被世人描绘为精神失常或不道德的女性。

即使到了今天，母子分开居住并不必然被视为病态，而且可能被那些能从中得到益处的人视为是社会 / 经济 / 政治上的考量。例如在以色列，基布兹的孩子与父母分开居住是社会主义思想的一部分。而西方国家欢迎移工女性将自己的孩子留在家园并出国工作，因为社会将重点放在这样的分居对于女性的家属来说是有好处的。

这几个例子都说明了，社会如何看待母亲和孩子分居这件事，端看她们这么做的理由，以及她们是为了谁这么做：这样的结果是基于宗教信仰？还是为了另一个男人或女人而和孩子分居？或是为了她的家庭经济？或者为了她在另一个国家的家人的生活质量？

参与本研究的女性当中，有数名和自己的孩子分居，孩子现在和父亲住在一起，她们都有各自的理由。提尔纱在她儿子两岁的时候去了国外，并在那边住了十年。

提尔纱（有两个介于三十岁到四十岁之间的孩子，她已经当上祖母）

提尔纱："我知道我将孩子抛下了，我离开时他们还很小，分别是两岁和三岁。我知道他们能得到很好的照顾，他们住在基布兹，待在良好的环境中，有个好父亲。我没办法争取到比那更好的环境了。"

> 我："当时你和他们联系过吗？"
>
> 提尔纱："我会去看望他们，我大概每年见我的孩子四到五次，我常常去看他们，写信、打电话给他们，他们也会回信和打电话给我。我肯定他们感到受伤，但我一直告诉自己，他们这样的生活比和一个不想当妈妈也没能力当妈妈的我一块儿住要好多了，我在那儿的话，一个无心照顾孩子的母亲会让他们更受伤。是的，就是这样的。"

斯凯在她的孩子十几岁时离婚了。她说，离婚过程中，她的前夫坚持孩子要跟他在一起，她别无办法，只能让步。现在回想起来，她意识到那个选择跟她不情愿为人母是相关的，如果她想留住孩子的话，可能就不会跟前夫离婚了。

> 斯凯（有三个孩子，两个介于十五岁到二十岁之间，一个介于二十岁到二十五岁之间）
>
> 我："孩子为什么会和父亲一起住呢？这件事是怎么发生的？"
>
> 斯凯："离婚之后，我非常疲弱。（中略）我知道我没有足够的精力去照顾孩子，我知道我做不来，我没办法独自养育孩子们。（中略）现在我已经知道了，我知道当时无法照顾他们，我真的……不知道照顾他们的话会怎样，不知道如果他们真的跟我一起住的话会发生什么事，从这个角度来看，我很幸运，该怎么说

呢？谁知道我们最后会离婚呢？所以就我的例子来说，我真的很幸运。他们拥有比我这个妈妈更值得信赖的父亲，我认为他做得很好，我只能说，在这种情况下我无法指望比这更好的事情了。我总是试图这样安慰自己：‘也许他们没有个好母亲，但我认为他们有个好爸爸。’我希望这样能让某些事情更平衡些，孩子们信赖他们的父亲，他们的父亲懂得付出，也认为孩子们是最重要的。我认为……这样事情会截然不同。这是他们运气好，而我也是。”

我：“你周围的人对于将孩子留在父亲那边有什么看法吗？”

斯凯：“你讲到重点了。我想象人们会怎么说这件事，社会的看法使我的处境艰难，他们告诉我这是不对的、你不正常、你怎么能这样放弃孩子。这不……这不正常，孩子们总是和母亲在一块儿，但突然间陪着他们的变成父亲了。而我已经失去任何力量，我只想尽快结束这一切，所以我放弃了所有的一切。（中略）离婚后我离开了，我觉得我做了很糟糕的事情，我为我所做的一切向全世界道歉，这就是我的感受。我没办法多谈论这件事，但幸运的是我可以跟我的治疗师谈这些，至于说向全世界谈这件事？我表现得像是完全没问题，这并不是我真的放弃很多事情，而是我别无选择。如果我得带着孩子们的话我可能永远都不会离婚，对我来说这是显而易见的事实。当然我不能把这件事说出来，因为这听起来太骇人了，这听起来非常非常可怕，一个母亲怎么能……”

杰姬和孩子们的父亲分开时，孩子们不到七岁，在她精神崩溃并住院治疗以后，孩子们就一直和父亲住在一起。杰姬说她没办法照顾好孩子，但她认为他们的父亲也做不来，所以她希望孩子们能够去寄养家庭，但希望并未成真，孩子们仍和父亲一起住。

杰姬（有三个孩子，一个介于一岁到五岁之间，两个介于五岁到十岁之间）

我:“这段时间你有见过他们吗？”

杰姬:“有，一星期一次，每次一个小时，就在你来之前，我决定在星期五试着和孩子们一起过夜，我还没试过在家里睡……这两年来都是如此。所以我决定试试看……孩子们正在读幼儿园而且需要关注，所以我会试试看能不能在家里好好睡上一晚。”

我:“一个星期见孩子一次，是你想这么做的吗？或是有别的原因？”

杰姬:“你问到重点了。其实我完全不想看到孩子们，我是被迫这么做的。如果要我跟他们待在一起三到四个小时，我会变得非常疲惫且愤怒，所以我把时间缩短了。而要让我的丈夫同意这件事，让我的孩子和社会接受这件事，是需要时间的。例如说，我的家人，除了我的母亲以外都反对我离开我的家庭，他们不明白为什么我非得离开，我的小姑无法理解我怎么能离开，一个母亲怎能离开她的孩子，她不能接受我离开孩子的事实，所以就这样了。（中略）现在的我很快乐，但我怕这些反对会毁了我的生活。”

我：“这么说是什么意思呢？”

杰姬：“嗯……也许我会抵抗不了压力，而说我需要回家去照顾我的孩子，我深深恐惧这个，你看我已经试着回家睡了，因为我觉得我好多了，何不回到孩子的身边呢？（中略）看，当我离开医院，他们给我的选项包括让孩子们去寄养家庭，我真的很想让他们去寄养家庭，我说他们应该要有正常的父亲和正常的母亲。我的母亲曾经竭尽全力不让孩子们去寄养机构，但现在她很后悔自己那么做，因为她已经看到我的丈夫没办法好好照顾孩子们，那对他来说太难了。”

我：“你没办法改变这件事吗？”

杰姬：“我没办法，现在是我的丈夫不愿改变，他认为他已经失去我了，如果再失去孩子的话，他就一无所有。而他也是正确的，因为如果他放弃孩子的话，我就永远不会回到那个家里去。所以……我……我会希望送养他们然后不再多想，我会让孩子们到别的地方去。（中略）我的母亲问我：‘如果几年后你后悔了，希望他们回来但他们不愿意的话，你怎么办？’我必须说，在过去两年的疗程中，我开始觉得好一些了。

而……我很害怕，也许有一天我会回去并觉得一切都好转了。”

每个母亲在离开自己的孩子时，都有自己独特的处境及所面临的选项。提尔纱有机会移居到其他国家，而和有机会主导分离的她不同，斯凯和杰姬所描述的情况是她们没有掌控权。斯凯之所以没有带着孩子离开，是因为孩子们的父亲坚持他们应该和他一块儿住，而杰姬放下孩子离开的原因则是因为她精神崩溃了。

即使她们离开孩子的原因各自不同，但对她们来说，把孩子留给父亲的事实都和她们不愿意为人母有密切关系，尽管她们可能是在离开后才自我觉察到其中的关联性。她们用各自的方式描述了，她们想到自己或许得继续照顾孩子，并永远无法逃离和他们住在一起时所带来的窒息感。

然而，正如我们前面所提到的，物理上的分离并不一定能从她们身上剥离母亲意识，也不代表她们就此向母亲身份告别。她们所有人都体悟到同样的事：即使她们和孩子分开住了，母亲意识仍然不断在她们的生活中回响着，而这样的回响也包括认清自己身为母亲的极限。她们会确认孩子们留在父亲身边能否被妥善照顾，继续照看着孩子们的福祉。这些母亲在离开孩子们的同时仍然继续关注着他们的现在与未来，给“好妈妈”提供了不同的诠释方式，甚至可以说破坏了“好妈妈”原本僵化的定义。换句话说，和孩子分开居住也可能意味着关心孩子的需求，因为孩子和父亲一起生活更好。这样的诠释和社会的看法是不一样的，戴安娜·古斯塔夫森（Diana Gustafson）曾提道，一位孩子和父亲一起生活的加拿大母亲这么说："讽刺的是，当一位母亲正在以她认为是个好妈妈的方式关爱孩子时，其他人却认为这个女人不是好妈妈。"

我们可以在另一位决定和孩子们分开住的女性作家玲子的文章中，看到社会对此的谴责。文章提到孩子被他们在美国的父亲抚养长大。她的文字在网络上激起巨大的波澜，在超过16500条的回复中，大部分的内容像这样：

> "这是我在现代流行文化中看到的最悲惨的例子。"

> "实在是个自私自利的狗屎，谁来抚养孩子？谁来带他们去上学？为人父母可不是你因为有其他更想做的事情就可以随便辞职不干的工作，你应该要负起责任，你应该要成为你的孩子可以依靠的两人之一。她完全不提她是怎样毁掉自己的孩子的。她有一天会得到报应！"

> "在这世界上有谁会赞同她的行为啊？这是个不值得有孩子的蠢蛋女人。"

另一个决定独自从家里搬出去的德国女人也没有幸免于严厉的批评：

“人们会说你不能这样，当个妈妈却离开家里，没有好好陪伴自己的孩子。孩子只和他们的父亲一起生活是不自然的。（人们说）我应该纠正我的做法，至少得带着孩子离开才行。”

这些反应都显示出：社会认为母亲必须和她的孩子待在同一个屋檐下，绝对不能搬走，不管她的处境如何，有着什么困难和苦恼，哪怕她坦承自己不能或无法照顾孩子。

有一些女性带着罪恶感离开家，因为她们觉得自己不符合“好妈妈”的标准定义。参与本研究的母亲们考虑过她们的离开可能在几年后仍让孩子受伤，但她们也无法重回过去没有孩子的时光了，只能两害相权取其轻。因此，尽管离开孩子会被社会认为是身为母亲的偏差行为，这样的分离是她们在社会期待及自我之间寻求的平衡点，却仍不足以剥除她们的母亲意识。

还要更多的孩子吗？

“如果这些女性后悔当妈妈了，为什么她们还要生第二个、第三个？”

在谈论后悔为人母时，许多博主往往会多次提出这样的质疑。要回答这个问题，首先要知道的是：每个人都有不同的人生经历。有些女性在几年后或是有了好几个孩子之后，才意识到自己不想当母亲，但也有人因为后悔当母亲而没生其他孩子；当然也有人尽管已经感到后悔，但还是决定生下其他孩子。而不管她们是继续生下其他孩子或是不生孩子了，让她们下决定的逻辑基础都是试图尽量减少从今以后的伤害，差别则在于使用的方式不同。

事出必有因。在众多的社会准则中，其中有一条是，绝对不能只生一个孩子，那对头生子是不道德的。而为了使这种伤害最小化，头生子的福祉会被社会列为最优先的事项。尽管继续生其他孩子会让母亲付出代价，不生能够减少对母亲的伤害，但基于这个准则也只能要求母亲继续生下其他孩子。这就是为什么马娅说从她为人母的那一刻开始，有多少孩子已经不是重点了。

马娅（有两个孩子，一个介于一岁到五岁之间，一个介于五岁到十岁之间，受访时怀有身孕）

马娅："我不觉得再次怀孕有什么问题，因为我这么告诉我自己，既然我已经陷在这个坑里面了，我都陷入了，那就——好好做吧。一旦你生了一个，这也跟你生了三个或七个没什么差别，因为一旦你成为母亲，不管生几个你都是母亲了。（中略）我已经是母亲了，没有什么能够改变我的感受。在我有这个孩子后——我想生更多，因为如果我……我不会说自己很悲惨，因为如果我身处其他情况我会很快乐，但就这个让我感到苦不堪言的情况来说，至少我的家人很快乐，虽然是以这样的方式，但我会有个快乐的家庭，每个人都很高兴。”

从以上叙述来看，马娅后悔的起点是，她在生下孩子后才发现自己期待的孩子数量是零。但由于第一个孩子已经出生了，她的希望已经成了泡影，就像个零和游戏：你只能是母亲或者不是母亲，而你一旦成了母亲，不管有几个孩子，你都有义务负起责任。

因为社会认为女性有义务负起应负的责任，格蕾丝说即使她在有了两个孩子以后已经不想要更多的孩子了，尽管她已经后悔为人母了，但还是可能因为来自家庭的压力而生下另一个孩子。

格蕾丝（有两个孩子，一个介于五岁到十岁之间，一个介于十岁到十五岁之间）

格蕾丝：“我的两个儿子希望有其他兄弟。如果有一天我生了其他孩子——这一定是为了他们俩而生的，因为他们向我施压，希望能够有弟弟，而我认为没有第三个孩子对他们来说不是好事，但对我来说是桩好事。如果有一天我因为压力而改变意志，我的儿子们会是唯一的原因。”

格蕾丝提到了家庭生活中面临的交叉点：唯一的孩子（或是在这个例子中，是仅有的孩子们）认为和同侪相比（那些拥有兄弟姐妹的同辈），他（们）受够了孤独；而他（们）觉得受够了孤独的感受和他（们）的母亲形成了鲜明的对比。对母亲来说，她也认为自己已经受够了，所以不想要有其他孩子。母亲们发现她们处于一个自相矛盾的交叉点，而在许多情况下，这种冲突的解决是以孩子的需求为基准，这些需求则反映出一个“标准”家庭的形象。

因此，情况的发展总是违背母亲的愿望：总的来说，许多母亲及参与本研究的部分母亲因为自己想要孩子而生了第一个，但接下来发现自己面临着来自外部与内部的严苛要求，即使她们已经不想要其他孩子了，还是被要求要继续生。让我们这么说吧，这些女性会因为想要孩子而心甘情愿生一个，但这紧接着导致她们因为各种原因继续生，而有时她们并不情愿。这些经历，都是母亲历程中的不可承受之重。

一旦她们决定为了头生子而生更多孩子，那接下来她们面临的问题就是生下一个孩子的时间点了。在一些参与研究的女性的访谈内容中，她们提到：

娜奥米（有两个介于四十岁到五十岁之间的孩子，她已经当上祖母）

娜奥米：“我接连生了两个孩子，是因为我告诉自己：不管接下来会怎样，生下两个孩子就是个意外。

我告诉自己，他们没差几岁，至少这是件好事。我很快就可以把生小孩这件事撇在一旁，专注在那些真正吸引我的事情上。”

格蕾丝（有两个孩子，一个介于五岁到十岁之间，一个介于十岁到十五岁之间）

格蕾丝：“显然地，因为我得有另一个孩子，所以不得不继续生，因为人们说你不能只有一个孩子。经过两年半以后，我告诉我自己：‘好吧，让我们有点进展吧。’”

这些访谈内容再次显示了，这些家庭里面有个滴答作响的时钟在催促着她们，而这影响着她们决定要不要生另一个孩子。像是“好吧，让我们有点进展吧”或是“快点组建起一个家庭”都显示了她们希望速战速决，让孩子年龄相近些，希望最艰难的那头几年能够赶快过去。

这样的观点认为，越快生完孩子就能越早解除任务。母亲们越早把她的个人时间摆在一旁并投入到家庭中，她就能越早赢回她的个人时间。因此，一部分参与研究的母亲认为，尽快生完孩子就能尽快完成她们的母亲职务，尽管她们也同时认知到这将是一个永无止境的任务。

在第一个孩子出生后便开始感到后悔的母亲，接下来可能会走上三种不同的道路：第一种是抓紧时间、速战速决，短时间内生下更多孩子以缩短幼年抚育期，原因如前段所述；

第二种是为了不犯下同样的错误而推迟生下其他孩子的时间；而第三种，既不推迟生育也不赶着生育，而是单纯地避免生下其他孩子。

从经验中学习。根据一份以色列议会研究与信息中心2010年发表的报告，针对经济合作与发展组织国家的回顾，女性“想”拥有的孩子数量高于“实际”拥有的孩子数量，原因可能是缺乏经济能力或是支持的系统及其他原因。

关于这个议题的另一项研究显示，有时候，期望的孩子数量跟实际的孩子数量之间的差异，可能是经验导致的。又例如澳洲研究人员唐娜·里德（Donna Read）和其他人所发表的一份研究显示，一个女性的经验和她对母亲的看法，对家庭成员的数量和继续生育这方面的决策有着举足轻重的影响。参与里德研究的澳洲母亲表示，她们决定要生多少孩子，就奠定在她们所理解的未来生活及社会如何期待她们为人母的基础上。根据研究人员的调查，很多母亲生的孩子数量往往低于最初计划生育的数量。德国的案例也显示了经验的重要性。已经成为母亲的女性，和尚未为人母但希望有孩子的女性之间有着显著差异：在有伴侣但尚未为人母的女性中，有四分之三想要生孩子，但在有伴侣且已经为人母的女性中，只有低于四分之一的女性想要生孩子。

里德的研究中提到了母亲们在生下第一个孩子后的震撼和惊惶。参与本书研究的几个母亲也提到了，在第一个孩子出生后她们就为此后悔多年，直到今日依然后悔，因此她们决定不再生其他孩子。

格蕾丝（有两个孩子，一个介于五岁到十岁之间，一个介于十岁到十五岁之间）

我："你有因为后悔而采取任何行动吗？"

格蕾丝："对我来说，我所做的就是不要再有另一个孩子。就未来该怎样而言（使用玩世不恭的语气），虽然社会应该不这么希望，但我最小的孩子七岁半，我不会有其他孩子，这就是结果。所以实际上我采取的行动就是不生其他孩子。（中略）如果你在十五年前问我要生几个孩子，我会告诉你，要生四个。"

罗丝（有两个孩子，一个介于五岁到十岁之间，一个介于十岁到十五岁之间）

我："在当妈妈之前，你有想过要生几个孩子吗？"

罗丝："我想过要生三个或四个。"

我："（中略）在你感到后悔以后，有什么实际做法吗？"

罗丝："如果没有外部压力，我不想要更多的孩子，就算我的丈夫真的想要有更多的小孩。"

莉兹（有一个介于一岁到五岁之间的孩子）

莉兹："我看着我的儿子，这挺有趣的，他告诉我：'妈咪，我想要一个弟弟。'而我回答：'这是不可能的。'

但我也告诉他：‘如果你想要孩子，当你长大的时候，你可以有自己的孩子。’

“(中略)我不会生更多孩子，当然不会了。在今日的世界，当人们说：‘你根本没法想象有三个孩子的感觉。’我回答：‘是啊是啊是啊！连谈都不要跟我谈。对，我无法想象，而且我也不想知道。如果你想生三个、十个、一百个——请自便，好好享受啊！’没有人可以跟我说我没法想象那种滋味。我才不落入那个圈套，你明白吧？（中略）我想，因为我不是那么不讲道理的人，所以我想象那种可能性，我试图想象我有两个孩子，我真的试了，从各种角度试了，但说真的，不可能！不！我这么说是很容易的，因为我知道那是怎样的情况，在你尝试之前就已经知道很难了。”

贾丝明（有一个介于一岁到五岁之间的孩子）

贾丝明：“我从去年开始收拾那些对孩子来说已经太小的衣服，我打算把这些衣服送给朋友。我妈阻止我：‘不，你可能会有更多的孩子。’而我回答：‘妈，我不可能会再生其他孩子了。真的够了，我不会生，我很确定。’(中略)我试着不要说得这么斩钉截铁，试着避免说‘绝不’，但我知道我的感觉是什么，我很清楚这整个过程中自己有什么感受。我不想要其他孩子，我无法忍受。”

后悔就如同一艘在时间之海中航行的渡轮，带着后悔者从既定的事实航向过去的其他选择，怀抱着过去的经验并思考着可能的未来。如此一来，过去对后悔为人母的女性的社会认知——生下第一个孩子后就会渴望更多孩子，并且渴望组建更大的家庭——可能就此瓦解。这些母亲认为她们真的试过了，她们不再有“在你去试试之前是不会知道的！”的想法，她们现在知道自己该从过去的经验中吸取教训。

然而，她们所处的环境并不接受她们从经验中得到的认知，她们还是会再次面对“再试一次吧，这次一定会不一样的”这种用以说服她们生孩子的话术。这样的强力说服显示了，我们所处的社会为了维持社会秩序，往往会否认我们可能有的失望；当我们期待、希冀和愿望的东西没有实现时，这种感觉就会被唤醒。我们所处的社会加剧了失望的程度，同时也鼓励我们否认那些失望，以让社会秩序能够继续维持下去；让我们继续将人们推入一个被定义好的模板中，不给予他们机会去处理那些失望情绪的副产品（如痛苦、磨难和哀悼），将他们塑造成社会所需要的模样。

因此，我们所处的社会并不会去处理那些关于后悔为人母的失望，而是一次又一次地告诉那些拒绝继续生子的女性：她们必须越过自己的失望并且继续尝试，以修复过去的错误。而就如同罗丝所描述的，这样的说法已经内化为女性的一部分。

罗丝（有两个孩子，一个介于五岁到十岁之间，一

个介于十岁到十五岁之间）

罗丝：“当我决定生第二个孩子时，我希望借由第二个孩子的经验来弥补我生第一个孩子时出现的状况。怀孕的过程的确更美好，我穿着紧身的衣服，我谈论这件事……我希望，我祈求着事情能够有所不同，而且我的丈夫和治疗师都很支持我，我想修复我为人母的经验，那是我第二次怀孕的部分原因。我要证明我没有失败，证明我成功了。我认为我需要变得更老练、准备得更周全，但在愉悦过后我发现自己身处真正的战场。”

虽然失望并不必然会导致她们选择继续生孩子，事实上，她们也可能会停止继续生小孩。但对某些女性来说，那些持续在当下困扰着她们的过去经验，是没办法被另一个孩子的出生所抹消的。社会期望这些母亲终究能被说服，认为母亲身份对她们是有益的，而且她们必定能克服困难。但她们本身的失望、经验和认知和这种社会期待并不相符。

第五章

“你没办法和大多数人谈论这件事，因为他们真的不懂，或是这件事威胁到他们，或是他们对此根本不感兴趣。这使得他们总是轻率地、恶意地批判，要让人听我说这些事是很难的（中略）。我只能跟极少数的人公开谈论这件事，几乎没什么对象。”

——斯凯（有三个孩子，两个介于十五岁到二十岁之间，一个介于二十岁到二十五岁之间）

最近几十年，情势已经变化到我们可以谈论母亲身份，以及母亲身份所引发的情绪。尽管“好妈妈”的形象形成一道屏障，使女性难以坦承她们在处理养育小孩而衍生的困难时多么受限，并导致她们隐藏自己的感受。近几十年来，这道神话的围墙正在慢慢坍塌，虽然社会仍然期待女性要表现得和睦稳重，但已经有更多的母亲坚持她们有权利表现出她们的失望、敌意、沮丧、苦闷和矛盾。

特别是，这样的改变肇因于现今时代更广泛的变迁：今日有越来越多的社会团体要求拥有发言权，他们要求获得地位和权利，让他们能够积极地表达自我并最终让情势产生变化。然而，尽管世界已经这样变迁，关于什么能说什么不能说的限制正在被打破，但母性的感受远比单纯的喜乐和满足更为复杂。人们认为这些母性感受正日益与固有的“天生的”母性经验互相冲突——那些不满的、困惑的和大失所望的母亲的发声，仍容易受到限制与谴责。

举例来说，2013年4月，伊莎贝拉·达顿（Isabella Dutton）撰写了一篇文章。达顿是英国人，是个妈妈，也已经当了祖母，但她后悔自己有孩子。达顿所写的文章在发表后得到数千个评论，如以下这些：

“多么卑劣、冷酷又自私的女人！真是令人难以置信！我替她肯定已经读过这篇文章的孩子感到难过，想想她的孩子会因此而多么伤心，尤其这居然还是印出来让公众阅读的文章。真的太可怕、太让人伤心了！我也不知道她的丈夫要怎么看待她，谢天谢地！孩子们至少还有个慈爱的爸爸可以照顾他们！”

“为什么你要说出这么可怕的事情？为什么？为什么你不能保守秘密？你的孩子真是太可怜了。”

有人可能会说达顿活该承受这些打击，因为她在没有隐瞒姓名和长相的情况下袒露了她的后悔。但是用化名和匿名，在避免孩子得知真相的情况下来讨论一位母亲的后悔，是否就能避免这样的打击呢？我们可以在德国关于后悔的母亲的讨论下看到类似这样的意见：

“下一个我们要在网络上加上热门标签，一边顾影自怜一边公开讨论的人生后悔事物是什么啊？（中略）好好改变你的生活吧，我想向那些母亲和父亲喊话：把你生活中的灾难归咎到孩子身上实在是不厚道。因为你的哭哭啼啼而把责任推到一台婴儿车上，实在是太容易了。”

“但你公开这么说（中略），说如果你能回到过去重新选择，你绝对不会生孩子，你对自己成为母亲这件事感到深深的后悔，我觉得这太让人震惊了。先不说你周围的其他母亲、伴侣、朋友、邻居，就说你自己的孩子吧，因为他们有一天会读到这些文字并了解其中的含意，他们的母亲想要把他们‘退货’，那他们会有怎样的感受？你读了文章，然后发现你是你母亲一生当中最大的灾祸？”

事实上，不管母亲的叙述会不会暴露孩子的身份（不论是因为主动曝光或是因为暗示而曝光），结果没什么差别，这显示在这些谴责之下还隐藏着其他东西。他们重申那些关于母性的陈旧“真理”,那些痛苦忧伤的母亲经验没什么好谈的，谈论这个是十分粗鄙的事情，而且这样的女人会被视为是病态的。他们就分类等级和传统观点来评判这样“任性”的母亲，认为这样的女性经历是没有价值、文化低级的，所以她们都应该依照社会期望让她们的主观感受——作为女人或作为母亲都是——继续维持缄默或是重新整理一番。女人和母亲会因为广泛的社会认知而受到谴责，说我们生活在一个为了一点小事就抱怨的“嗷嗷叫时代”，所谓的自我放纵流行病横行的年代。我们可以说：正因为有越来越多不同的社会族群已经“获得允许”现身为自己发声，以破坏这个压迫性的社会秩序，因此这个社会更会迫不及待地为这些母亲贴上标签——“另一群被宠坏的、夸大的、言过其实的懦弱家伙”。（当然，不会有人去听这些母亲诉说的，因为没有必要。）

在这种情况下，社会集体的如意算盘是，让“后悔”继续成为母亲简历上的一个内疚的秘密，是个人的失败，一切都是因为她们自己的问题。无怪乎这些后悔为人母的女性谈到这些时都面临极大的恐惧，不管是在家里、家人间、朋友当中及工作场所都一样恐惧。

被迫沉默

我在 2011 年 3 月与提尔纱碰面。她先打电话给我，问我是否仍在为了研究而继续寻找访谈对象。她在一份以色列的报纸上看到这件事，有兴趣参与。

几天后我去她家拜访。她独自住在以色列中心的一个小镇中，孩子们已经不住在那里了——他们在三十几岁的时候就已自立门户——而且也已经为人父母。提尔纱已经五十七岁了，有两个孙子。

我们在她的厨房里进行访谈，而事实上，我们从那之后就一直在讨论这件事。她一开始告诉我的其中一件事情是她在一家医院工作，她在我们的谈话过程中几次提到这件事。她试着和同事谈到她后悔成为母亲，但没有一个人愿意听。

提尔纱（有两个介于三十岁到四十岁之间的孩子，她已经当上祖母）

提尔纱：“我的生活一直围绕着婴儿、父母和生育治疗，所以我知道很多女性的想法跟我一样，但她们自己都不敢承认，遑论告诉那些和她们最亲近的人。我理解那有多难，我深深明白，那对我来说也是一样艰难，当社会与政治的意识形态如影随形时，要从既定的秩序中剥离出来实在是太困难了。

“和我一起工作的同事中，有许多人是医生，他们不懂我想从他们那边得到什么。对他们来说，我像是只奇怪的鸟，他们不认为我是变态或其他什么，而是一只怪鸟，是的，他们就是这么看待我的。当我开始试着简短地跟他们谈起这个话题时，他们都努力地避开话题并逃跑，他们改变话题并驳回我的想法以试图压制我。在我们单位，我的想法完全没有任何存在的空间，我工作的部门负责生产并鼓励孩子出生，而我的想法受到谴责。我觉得很遗憾，大多数人不知道他们正在做什么，也不想去了解，像只鸵鸟一样把自己的脸和耳朵埋入沙里，只随着惯性的力量移动。”

直到今天，提尔纱还持续在她的工作环境谈论她对母亲的观点，但没有人理解，也没有人想去理解。

参与本研究的其他女性也提到类似的感受，她们试图和配偶、朋友及其他家庭成员（如母亲和姐妹）谈这个话题，或是在心理治疗过程中谈到这个。

布伦达（有三个介于二十岁到二十五岁之间的孩子）

布伦达："当我试图要跟朋友谈起我的感受时，他们马上不让我继续谈下去。'你想跟我谈这个？试着感激你所拥有的一切吧！'我想，这真是当头一棒啊！所以我喃喃地对自己说，就安静吧，这样他们就不会把我送去医院治疗，接受吧，继续活在这虚伪的幸福中吧，戴上面具表现得跟其他人一样，继续这场游戏。也许他们其中的一些人，或许不是全部，但也有些人跟我有着相同的处境却不敢说出来。"

关于这一点，索菲亚则承受了更大的压力。这样的压力甚至是来自她的家庭，她的另一半。

索菲娅（有两个介于一岁到五岁之间的孩子）

索菲娅："我的心理医生知道我有这样的幻想（想抹去母亲身份），但我不认为她非常认真地看待我的幻想。（中略）我的丈夫逃避现实，他不许我让任何人知道我的想法，他要我装作没事，装作和其他人一样。（中略）当我在网络论坛如'我的人生已经了结'上写到这件事时，我立刻成为毁谤的中心。某些人很难接受这件事，他们的反应很大。许多在论坛上的孕妇都很害怕将来也会跟我有类似的感受，所以在我发言后她们马上又发了其他主题来试着让自己振奋起来。"

害怕被压制或害怕被指为异常，使得某些女性在接受访谈之前从来没实际触碰过这个话题。而另一个导致她们自我强制消音的原因，是害怕破坏她们亲人的人生，她们希望保护她们的挚爱，希望他们永不知情。

马娅（有两个孩子，一个介于一岁到五岁之间，一个介于五岁到十岁之间，受访时怀有身孕）

马娅："我的丈夫不知道，我所有的朋友也都不知道，因为我不希望这个负担落在他们的肩膀上。他知道了以后又怎样？他会说他有个惨兮兮的老婆吗？我不需要这个，他脑海中的事情已经够他操劳了，他的生活很不容易，无论如何我都不想把这个强加在他身上。所以这是我的坚持，我不和其他人谈论这个。"

在我询问她们是否公开谈论过后悔为人母，以及她们是跟谁谈论时，这些女性非常健谈，许多参与者表示她们会跟周遭的人谈论起这件事。

欧德雅（有一个介于一岁到五岁之间的孩子）

欧德雅："我的姐妹知道，她们非常清楚我很后悔，我曾经很明白地告诉其中一位姐妹说：'你知道我的想法和感受，如果你可以帮帮我——就帮帮我吧！'而她对我施以援手。（中略）我的姐妹理解我。"

巴莉（有一个介于一岁到五岁之间的孩子）

巴莉："我的母亲知道，我的伴侣也知道，他们知道那件事（同时和婴儿玩耍及说话）对我来说有多艰难，那对我有多可怕。"

我："还有其他亲友圈的人知道吗？"

巴莉："没有了。"

我："为什么？"

巴莉："我难以坦承这件事，这就像是……耻辱。我觉得很羞愧。"

几位母亲提到，在谈论"我后悔当妈妈了"时，最有效的方法是用幽默感拐着弯说。能避免招致羞辱的方式是嬉笑着谈论自己的苦痛，然后其他母亲能够加入一起吐吐苦水（而非直接说出后悔），或是跟那些还没成为母亲的女性谈这个。

夏洛特（有两个孩子，一个介于十岁到十五岁之间，一个介于十五岁到二十岁之间）

夏洛特："当我在职场谈这件事时，我的同事一开始被我吓了一跳，这话题让他们发笑，因为他们知道我是在夸大，这就是我应付这个的方式。而且我注意到，当我在跟人对谈时，如果我把所有的底牌亮在桌上，她们就会比较愿意开诚布公地谈论这件事情，突然间这件大家一直不敢言说的事情也变得没那么可怕了。（中略）所以我的策略是公开说明，这样的策略能保护我和我的孩子。"

欧德雅（有一个介于一岁到五岁之间的孩子）

我："你可以和哪些人安心谈论这件事？"

欧德雅："那些跟我一起学习的女孩，她们很年轻而且充满好奇心，她们问我为什么会有这种感受，因为她们不理解。"

我："你怎么告诉她们？"

欧德雅："如果我能回到过去，而且理解现在的我所理解的一切，那我可能不会生小孩。当她们谈论起生儿育女时，我告诉她们：'先等等，别急。'我一直都这样告诉她们；有时候我和其他人谈话，当我感觉到有些异样时会踩刹车，因为我觉得自己最好不要跨过那条线……你懂的……"

卡梅尔（有一个介于十五岁到二十岁之间的孩子）

卡梅尔："我会慎选谈话的话题和对象，但我没有真正隐瞒这件事。这很有趣，每当我遇到一个不想当妈妈的人，我会马上鼓励她并告诉她那是个好想法，我支持她，我认为她是正确的。"

索菲娅（有两个介于一岁到五岁之间的孩子）

索菲娅："我在开口之前会先好好确认一番，现在我之所以能够开诚布公，是因为你就是想要听我谈这些，而且你即使想到什么也不会告诉我。另外你的处境跟我们不同，因为你并不是一个母亲，如果你已经当妈妈了，你对此一定会有所反应。因为对已经为人父母的人来说，听到这些真的很有压迫感，你懂吧？

“我不会随便对什么人掏心掏肺，可一旦我确认了说出来是没关系的，我就会说，而其他人会像是接受其他看法一样地听我说，他们会告诉我，他们也有其他没有生孩子的亲戚。我通常在丈夫不在时才这样做，因为我谈这件事情会对他造成困扰，而我可以理解他。因为如果我像他那样很享受跟孩子待在一起的时光，而我的配偶却说他不想要这些孩子，那对我来说也会是很难过的事。”

在我采访提尔纱的几个星期后，她给我写了一封详细的长信，在长达八页的手稿中，提尔纱试着厘清更多她想在访谈时分享却没能说出口的其他想法：

“在我努力写这封信（或者更确切地说，我正在试着努力组织起我脑中的想法），并解释我个人为什么后悔生了两个孩子时，我发现这些文字正在减轻、削弱并推开那些令我痛苦的事实所带来的负担，而除了文字以外，我没有其他用以沟通的方式。（当然没有。还是说其实有呢？也许可以用跳舞的方式表达？）这些话使得那些难以承受的代价变得……让我比较能够忍受吧。”

这些试着找出对策来应付后悔这个情感态度的发言，本身就可能是折磨人的，而当人们和孩子讨论到这个问题时，社会将变本加厉地认为这样的讨论应该被视为危险的行为。

“孩子们知道吗？”

在过去的八年中，我针对后悔的母亲进行研究，一次又一次被问到这个问题：“那些母亲们会跟自己的孩子提到这些事吗？”正如我们将要看到的，这个答案远比“是”或“否”要复杂得多。而对我来说，更耐人寻味的是：我察觉到，问我问题的人几乎都期待听到否定的答案——也就是听到这些母亲不会在家里谈论这件事，因为他们觉得母亲跟孩子说自己后悔为人母是邪恶中的邪恶，这是一个邪恶母亲确凿的罪证。有时候让孩子知道母亲后悔了，比母亲后悔为人母本身更可恶。提问者在问这个问题时，浮上脑中的脚本是：一个母亲因为她自私的需求而投注仇恨的目光在孩子身上，因为他们毁了她的生活，所以这个母亲后悔生下他们，她毫不考虑这将如何影响他们及整个家庭关系。

我们可以在下面这段话中看出这样的单一脚本：

> “没有孩子应该从他们的妈妈那边听到她不想要他们，这很残酷，很不公平，很不人道。”

这样的内容在现实中也可能上演，一个女儿对一个后悔为人母的妈妈颇有感触地写道：

> “在孩子出生后让他们知道自己的存在对母亲来说是个耻辱……这完全不是件好事，你不仅需要很多勇气，还要像病态人格那样冷漠。我向上帝祈祷，这些孩子永远不会听到妈妈怎么看待他们的出生，但我敢肯定他们都能感觉到母亲不想要他们、他们不该在这里、不该存在，这样他们的妈妈会比较好过些。
>
> “（中略）我的母亲就是这样，她因为我的出生而指责我，即使在我还是个小孩子的时候，她对我大吼：‘要不是因为你，我的生活会截然不同，我会比现在快乐。’那时候这件事让我几乎昏厥，我的肩膀被压上一个重担，直到今天。我花了很长时间来了解我的母亲曾经受到怎样的伤害，她是多么无奈而有那样的感受，我明白了她有多么不成熟，直到她……”

我不能也不愿忽视这个痛苦的女儿的陈述，她需要承担来自母亲的责难，而且这不是她的错，她的声音必须被世人清楚地听见。然而母亲和孩子间不同世代的关系也存在其他可能性，例如，我们可以在另一位有着后悔母亲的女儿的叙述中看到：

"在我十二岁时，我的妈妈告诉我，她后悔生了我。'我希望你在成为母亲之前能够用够长的时间好好思考一番，'她在一个温暖的夏日早晨这么告诉我，'如果可以让我再选择一次，我不敢肯定我是不是会生小孩。'

"天哪！在我十二岁时，她的话刺痛了我，我不知道她是什么意思，或者她为什么要这样说，她真的希望我没有出生吗？而到了现在，二十年后，我自己有了三个孩子，我才懂她的意思。那并不表示她不爱我，并不是说她希望没有生下我，而是因为她明白为人母意味着：她的人生不再完全属于她自己了。"

在说与不说的两难间进退维谷。母亲们除了在不考虑孩子幸福的情况下责怪孩子以外，还可能因为多种原因而情感紊乱，继而迷失方向。

英国裔澳洲学者萨拉·艾哈迈德（Sara Ahmed）将在社会及情感上迷失的经验，比拟为进入一个黑暗的房间或是在房间里面蒙上眼睛：如果我们身处一个熟悉的房间（因为我们先前曾经去过那儿），可以伸手去摸索并判断触碰到的是什么，先前的经验使我们得以确认自己身处的空间；但如果我们身处一个不熟悉的房间，伸手摸索无法协助我们导航。我们不清楚即将面对的是什么，这使我们不确定和无法决定什么时候要转弯，在这种情况下迷失方向是必然的。而在这之后，我们会怀疑人生是否真是一条直线。我们会发现我们所处的境地并不稳定，而且——这种时候我们会开始想象其他的可能性。

当成为母亲的体验里包含后悔，想做出正确的选择。却无法获得外部指引时，许多母亲会感到孤独。她们觉得自己被留在一个黑暗的房间中，迷失了方向，必须重新展开探索，以找到原本的人生脚本中不存在的可能路径。接下来我们会看到，参与本研究的每一位母亲都在两难困境中（说或不说自己后悔、明确地表达或间接地提到为人母的困境、讨论为人母的不值得及不为人父母的可能性）试着找到自己的方法。

保护孩子，保持沉默

有些参与研究的女性基于三个理由而决定不跟孩子提到她们的母亲经验及后悔：为了保护孩子、为了维持和孩子的关系、为了保护自己。

> 索菲娅（有两个介于一岁到五岁之间的孩子）
>
> 索菲娅："为什么我不参与论坛（以色列的网络论坛'不想生孩子的女人'）上的讨论？我差一点就那么做了，但（中略）我怕有一天他们长大时会读到论坛上的文章，这让我十分害怕。当然我可以使用假名，但我还是害怕他们会发现我不想要他们。当然他们都知道，孩子们其实都知道。他们可以读懂我的心，我们一起经历过这些时间，他们对这些事情很敏锐，但

我不希望他们真的读到那些文章。当然关于这个问题(如果我没有孩子的话),我想写的东西都可以成一本书了,我会公开做这件事并说就是有这样的情况,但我真的很害怕孩子们会受伤。”

布伦达(有三个介于二十岁到二十五岁之间的孩子)

布伦达:“(对于我要引述她的回答)我没问题,你可以以你需要的方式引用,但请依据我们签署的保密协定,不要泄漏我的真实信息。(中略)我不希望我的孩子读到‘如果妈妈可以选择的话,她不会生下任何孩子,她事后回想起来,觉得后悔生了孩子’。但这主要是因为这么多年来他们根本没有父亲,在孩子们的父亲已经抛下他们以后,如果他们知道妈妈也不想要他们的话,孩子们会怎么想?你能想象这样的情况吗?”

卡梅尔(有一个介于十五岁到二十岁之间的孩子)

我:“你身边是否有人知道你后悔了? 你的家人知道吗?”

卡梅尔:“嗯……他们可能知道,因为我曾经几次脱口而出,但我不跟他们谈这件事情。其他很多人也知道,老实说我没有隐瞒,我会小心选择坦白的对象,可是我不曾真正去隐瞒。这很有趣,当我听到有人说她后悔,我会上前鼓励她,告诉她:‘好。很好。继续坚持你的真实想法。'这真的很有趣,我跳出来鼓励她。"

我:"你是指其他不想要孩子的人吗?"

卡梅尔:"是的。"

我:"你怎么说?"

卡梅尔:"这样很好,我跟你站在同一阵线。"

我:"你跟伊多(卡梅尔的儿子)谈过这回事吗?"

卡梅尔:"不,不,那毫无意义,我只告诉他我很高兴只生了他一个,但没有告诉他,嗯……也许我会告诉他,因为以色列的情况,所以我现在不会生孩子了,或者其他类似的话。但是我没有告诉他,将来也不会告诉他,那有什么用?那没有意义,真的没有意义。"

我问她们是为了保护谁而保密及保持沉默,以及要保护他们免除怎样的危险?有些母亲,像索菲娅、布伦达和卡梅尔,已经决定不会跟孩子们谈论她们为人母的经验和后悔,无论是暂时性的保密还是彻底保密,这都是为了让孩子不会受伤,她们认为"告诉孩子"是多余的。

她们希望保密的原因建立在这样的假设上:在面对孩子时,人们很难清楚区分"后悔当妈妈"和"后悔生孩子"、"后悔当妈妈"和"爱孩子"、"当妈妈可能不像社会所告诉我的那样,值得我付出一切"和"我后悔生了你"。在跟孩子谈到这个议题时,如果没有办法妥善区别这些差异,那么告诉孩子母亲后悔了,就会产生这样的后果:母亲的后悔会被解读为后悔生了孩子,孩子们可能会无可避免地认为他们的妈妈不想他们出生在这世界上。此外，这样的认知可能会导致孩子们落入内疚和害怕的处境——以为是他们自己的性格和行为表现引发了母亲的后悔情感。而没想到母亲们后悔的是“成为母亲”这件事，而不是孩子本身。

但就算不谈到害怕孩子们会内疚而影响他们的人格和行为，她们也会考虑到孩子们可能还是会觉得自己的出生是种罪恶，自己让母亲受到折磨痛苦，让母亲的人生变调。这种复杂的忧虑可能导致母亲害怕她们跟孩子的联结会崩解，也许母亲并不认为母亲身份本身有多大价值，但她们还是可能非常珍惜和孩子之间的联结。

孩子和母亲之间的纽带通过对彼此不对等的认知而构成：社会期待母亲对孩子的一切知之甚详，但依据“不适当法则”，社会往往认为了解母亲作为人类的感情世界和见解是一种负担，是必须避免的负荷。正如卡梅尔所说，“没有必要。”

在现今的社会文化期待中，人们很难把母亲作为独立存在的个体并独立于孩子之外，母亲们被视为次要的，社会期待她们保持沉默。这个文化的结构从一开始就是孩童导向的，社会并不将母亲视为有着需要和愿望的人类。例如说，对卡梅尔而言，后悔是可以公开谈论的事情，但她不能在家里谈，为了保护儿子，她划出一个需要保密的“私人领域”，以及另一个可以自由公开讨论的“公共领域”。她们在家里保守秘密，将自己调整到完全符合孩子需求的状态——即使孩子们可能已经进入青春期或成年了。

除了希望保护孩子并保护母子关系以外，对自己的后悔保持沉默还能保护另一个对象：母亲自己。

> 提尔纱（有两个介于三十岁到四十岁之间的孩子，她已经当上祖母）
>
> 提尔纱："要我跟儿子这样说：'抱歉，我觉得我犯了个错，我不应该生孩子，我是个坏妈妈，我不想当个妈妈，我对此毫无兴趣，为人母使我感到厌倦，母亲身份毁坏我的人生并持续困扰着我。'这真是太难了——但那些话是事实，而另一个事实是，我们无法让时光倒流。
>
> "我从没跟孩子们谈过这件事，但我肯定他们能感觉出来。很多时候我这样想：在死去之前我得写封长信好好说明这件事。但这是个进退两难的困境——为了什么而写这封信？我要在信里写我很抱歉自己不是个好母亲，（我没有）给予他们，（我有所）保留，我缺乏耐心，我对他们跟我说的事情、对我们之间的游戏和哼唱的歌曲毫无兴趣？"

提尔纱进退两难，她认为和孩子谈后悔是没有必要的，又觉得跟他们谈这个有其价值，能让孩子了解她。现在她仍然徘徊在隐瞒和坦承之间，为了逃避孩子们的视线，因为孩子们可能会凝望着她，批判她和其他"标准妈妈"比起来是个坏妈妈。在摇摆之间，她让自己保守秘密，她使用"保持缄默的权利”，希望能够借此保护自己。

提尔纱认为自己夹在谈论后悔及坦承自己是“坏妈妈”的两难处境中，然而卡梅尔不像她，卡梅尔划分得很清楚，她知道自己后悔为人母，但她也深深了解自己眼中及孩子眼中的母子情谊。

> 卡梅尔（有一个介于十五岁到二十岁之间的孩子）
>
> 卡梅尔:“就个人来说，现在的我知道自己根本不该成为母亲，这并不是因为我欠缺为人母所应有的能力，相反,我是个好母亲,伊多在任何时刻都会认同这一点。”

因此，对那些在研究中认为自己符合“好妈妈”标准的女性来说，她们之所以在孩子面前保持沉默，是因为要保护自己不被强制标记为“坏妈妈”，被贴上“不适任”的标签，而这样的标签是建立在这个假设上——后悔是糟糕的情感态度，而且这样的态度必然反映出母亲的行为不当。

不同于这些决定不谈论后悔的母亲，其他母亲也可能为了同样的理由——保护——而做出不同的决定。换句话说，母亲可能为了保护孩子而对自己的后悔保持缄默，但同样地，母亲也可能为了保护孩子而选择跟孩子们谈论自己的后悔。

保护孩子，选择言说

苏茜（有两个介于十五岁到二十岁之间的孩子）

苏茜："你认为他们能自在地接受我的观点吗？因为我跟他们谈论了我的后悔。"

我："你是怎么告诉他们的？"

苏茜："我说如果……嗯我记不清楚了，这星期我女儿问我，嗯……'如果你可以让时间倒流，你会不会生孩子呢？'我回答她我不会。（中略）我说了'不会'，现在我夜夜难眠，担心得要命。"

我："如果你的女儿未来告诉你，她不想要孩子呢？"

苏茜："我会告诉她生孩子确实没必要。"

德布拉（有两个介于十岁到十五岁之间的孩子）

我："你觉得有一天你会和你的孩子谈论这个吗？"

德布拉："某种程度上我会和他们谈论。我无法直接走过去和他们说：'我后悔生了你们。'因为没有孩子应该听到这样的话。但是我会说的，尤其是和我的大女儿，告诉她我从来都不想当妈妈。她知道这个。她之前听我说过。有时候她会用这个来回击我：'噢，你根本不爱我。你甚至都不想要小孩。'我告诉她：'是的，我从不想要小孩，但是我有了你，我非常非常爱你。有孩子和没孩子是两个完全不同的世界，当你长大之后会做出自己的选择的。'"

罗丝（有两个孩子，一个介于五岁到十岁之间，一个介于十岁到十五岁）

罗丝:“在时机恰当时，我很确定我要跟孩子来一场‘母子对谈’——至少我得告诉他们我有的信息和认知，让他们知道为人父母是怎么回事、不当父母的合理性等。”

不管怎样，有些母亲决定和她们的孩子谈论为人母及后悔的经验，或是考虑在将来和孩子讨论，因为就她们的角度来看，这也是一种对孩子的保护。在她们的观点中，对为人母的主观感受保持缄默，可能会危及孩子和自己，因此为了保护自己和孩子，她们必须跟孩子分享为人母的苦难及这样的苦难可能不值得的想法。

贾丝明（有一个介于一岁到五岁之间的孩子）

我:“你觉得自己有一天会跟孩子谈你的后悔吗？”

贾丝明:“跟谢伊（贾丝明的孩子）谈吗？我很确定我会跟他谈这个。我可以告诉你，我读了很多关于为人父母的书及学习谈话的方法，而且这些书里也谈到我们必须跟孩子谈，即使他才两岁大。所以，每天睡前和起床时，我们都有几分钟的交流时间。我跟他分享我的想法，我告诉他我的感受。（中略）从怀孕时我就拍了许多照片，它们非常令人惊奇，其中一张照片上我有着大肚子。我们坐在我的房间里面,我告诉他:'知道吗?谢伊,就在两年前我有了宫缩。'我开始跟他分享,我说话,而他坐着静静听我说。我给他看了一张他还在我肚子里面时的照片,告诉他我的感受,生下他时多辛苦,我一开始对他的感受如何,而他的魅力又是如何让我渐渐地爱上他。我真的跟他谈论这些,而且我相信我该这么做,我的母亲也是这样养育我们长大的,她告诉我那些我可能不喜欢听的话,这使我成长为现在的模样,而且这是好方法。停止讨好孩子吧。我不讨好谢伊,他是我的儿子,我不是他的朋友,我不相信明确的分界,而是相信完全的开诚布公。我真的如此相信。虽然在现实中要这么做并不容易。"

马娅(有两个孩子,一个介于一岁到五岁之间,一个介于五岁到十岁之间,受访时怀有身孕)

马娅:"看吧,我一直这样想,并告诉我自己,等我女儿长大了——我会跟她谈这个。(中略)但同样地,我们无法预料未来会怎样,她可能会想要孩子,而她也可能真的生了孩子并且一切都好,但我知道如果她生了孩子并有了跟我一样的感受——那将全部都是我的错。如果她在往后的人生里有跟我一样的后悔,我会知道我在最重要的时刻犯了错。"

在这些忧心忡忡的话语中,马娅指出了一种对女儿的特别责任，一个许多人没想到的观点：“为孩子的人生做准备。”这是父母的重要功能之一，社会期待家长们能教育他们的子女世界是如何运转的，让他们能够融入这个世界并受到社会大众的接纳，找到自己的归属。

一般来说，这样的引导多半是通过教导孩子重复其他人曾走过的路，包括那些父母曾经做过而且有效果的事；但从另一方面来说，为孩子的人生做准备也包括引导孩子不要重复父母曾有的错误和不当行为。

在生活中的其他领域，当父母要孩子们谨慎小心，希望拯救自己的子女免于伤害时，这是可以被接受的，甚至是值得赞扬的：“小心！换个方式吧！”但婚姻和生儿育女例外，不管父母感受到的挫折有多深，或是在离婚或疏离后感到多失望。但看起来大多数人还是引导孩子寻找伴侣及生儿育女，不仅是以爱为名，也因为社会的共同假设：这是必须遵循的“自然人生轨迹”。因此生育的传统被一代一代传承，社会鼓励我们一起前行，从人生的一个里程碑走到下一个里程碑，这个假设使得所有的男孩和女孩朝同一个方向“长大”，并自然地导致他们走入婚姻、为人父母，即使他们其实并不想要。

酷儿理论反对这样的假设，酷儿理论认为童年是一个更多元化的历程，孩子并不是沿着一条笔直的道路“前进”，在他们眼前其实有许多“岔路”。在生命的早期阶段，幼儿在玩乐及自我探索时是毫无顾忌的，他们认为自己可以变成喜欢的任何模样。他们可以在想象世界中成为消防员、航天员或是环游世界的旅人。对他们来说，一切皆有可能。青少年（虽然他们大多数会因为同侪压力而羞于与众不同）则常常反抗成人的禁令，并以“事情如何运作”为起始点问出一大堆问题。

正因为孩子不会自然地趋向同一方向发展，所以社会认为孩子们需要被好好引导“调整”一番，以便往“正确”的方向发展：“如果我们的欲望、取向及存在模式一开始就已经是规范化及异性恋的，那么父母不需要严格指导我们便能将我们全体推向共同命运——结婚、抚养孩子、异性恋生殖。”

也就是说，“男孩和女孩们需要引导和大力的推动，去走那条笔直的路线”这个假设本身，恰恰证明了这些孩子是没有秩序及不受时间左右的紊乱者，所以“推动”他们走向摆在面前的道路（而非其他岔路）是很重要的。也就是说，男孩和女孩们只能从周围环境放在他们眼前的有限选项中选取。他们会偏向于我们所提供的任何东西，任何“靠得够近”的东西，任何摆在他们面前的各个领域的东西：阴柔气质、阳刚气质、性别认同、性倾向、婚姻、怀孕和养儿育女。

与这样的引导相反，有些母亲可能会拒绝（或考虑拒绝）继续让下一代复制这条“笔直的路线”，她们的方法是利用一种不同的亲子对话——就如同马娅所陈述的，希望保护孩子们，不要重复父母犯过的错误。因此，通过谈论父母身份的含义，特别是探讨后悔，这些父母向孩子展示其他可能的路径，一条和异性恋规范及推崇为人母的文化截然不同的道路。

德布拉（有两个介于十岁到十五岁之间的孩子）

德布拉：“她（德布拉的女儿）的确谈到有一天会

找个男人交往。至于孩子，她说：‘如果我有孩子或孙子，那么……’我很喜欢她用‘如果’。我说自己是个好家长，好吧，这件事更证明了我是个好家长。我让孩子有权利或能力去考虑她的选择，处理这些事物，并为自己做决定。而我认为这是我们身边每个人都应该拥有的权利，特别是孩子们。

“如果这件事是最重要的，那我要说我是全世界最好的妈妈了。在我的世界观中最好的。我很喜欢我女儿——在正视我这些事的时候——还愿意给那些被认为是十分明确和十分必要的事物打个问号，我真的很喜欢她这点。你知道吗？如果我想的没错，我甚至不期望有外孙。”

提尔纱（有两个介于三十岁到四十岁之间的孩子，她已经当上祖母）

提尔纱：“这听起来可能有些奇怪，但在我的儿媳妇生下第一个孩子之前，我买了一本《女人所生》（*Of Woman Born*）给她，让她读一下。我不知道她是否读了那本书，送她那本书的时候，我脑中所想的是想让她知道为人母是怎样一回事，孩子是怎样一回事，为人父母的政治学及母亲身份代表的意义，她需要为她的后半生付出怎样的代价。”

除了试着通过送书传达信息以外，提尔纱还没下定决心——从受访那时，直到今日——是否该跟孩子们直截了当地谈论她身为母亲的经验以及她的后悔。她在受访后寄给我一封信。信中，提尔纱还在继续思考着不去遵循社会所给出的唯一路径：

> “如果我们已经有了孩子（特别是对女性来说），我们应该教育他们，消灭那些我们成长过程中被灌输的价值观、意识形态及自我辨明，这是很重要的。这一切是为了不要落入刻板印象和因循守旧的网中，是为了不继续对自己说谎，并对我们的孩子和孙子辈坦承。我们要以外科医生的精确程度，去检视那些已经变得如此“正常”和“自然”的委婉话语，例如“孩子是一种喜悦”“孩子是一种祝福”“血浓于水”，或者“家庭第一”。如果我们不去小心看待这些委婉用语的破坏力，它们就会构成社会和文化DNA的一部分，我们就会相信事情应该就是这样的，并且永恒流传。
>
> “后悔生了孩子并不是罪恶。（中略）真正的罪恶是不对自己坦承，也不对孩子们坦承；真正的罪恶是留下一个不能说出、不能写下也不能透漏的黑暗秘密死去。”

然后，提尔纱描绘出另一种世代传承：父母有义务向孩子说明其他路线的存在，而不是直接引导孩子沿着“那条直线”走。然而，如果她透露了自己的另一面，可能会影响孩子、影响她自己、影响亲子关系，所以她仍然不确定要采取怎样的方式：

> “我找不出什么理由去把所有这些事情都写下来，但我应该这么做的。也许将来有一天我会这么做。我还在思考着这是否重要，让他们知道我是怎样的人、我的想法和我对为人父母的态度，这所有的一切。”

在维持现状还是改变现状之间的仔细斟酌，源自于反复考量说出或者不说出后悔可能会导致的后果。虽然母亲可能会为了多层面的保护而选择沉默，但选择不将自己的后悔说出口，可能会使她们付出昂贵的代价：为了继续留在那条“好妈妈”的狭窄道路上，社会希望这些母亲能够绕开她们的真实经历并自我筛选，以创造出一套符合社会期待的说法。那套说法会是偏颇的，只包括社会期待她们说的那一部分，好让她们能被视为有道德的女性和母亲。她们被要求只表达那些得到同情和赞赏的部分，只留下社会“允许”她们说的部分。而那些不符合霸权体系的部分必须被摒弃、过滤、抛在脑后。

这种希望母亲能对自己的经历和感受保持沉默以保护儿童的社会期待并不罕见。我们可以在各种文献（无论是大众文学或学术资料）中看到不同的案例，它们都希望母亲不要从她们的观点来叙事。这既是因为缺乏语言，也是因为难以想象她们的故事如何不破坏她们所珍视的东西：保护孩子，让他们生活在幸福的环境中（而这会压缩母亲的空间），与孩子保持一定的联结。在我所找到的最好的散文集之一《为何是孩子们？》（*Why Children？*）里，编辑说他们找过那些对成为母亲这件事感到不满的女性。他们确实找到了，但这些母亲却不愿意撰写文章。因为这些女性担心如果承认自己有多么不喜欢当妈妈的话，将会伤害到自己的孩子。至于那些在违背自己意愿的情况下当妈妈的女性呢？一样的，还是“孩子在知道妈妈不想要他们时是会受到伤害的”。

在这种情况下，我们真的很难找到母亲来谈论那些违反（各种角度）她和所属社群定义的“好妈妈应有的想法、感受和举止”的事。而当有人愿意谈时——自觉或不自觉地——又有许多人陷入了困境，在符合她们经验的自述和符合社会可接受范围的表述之间徘徊。

夹在自己与孩子之间，她们继续付出代价。当妈妈因为自己的经验不被社会接受而无法跟孩子分享自己的经历时，孩子就无法从母亲的重要经历中得到借鉴。他们无法得知“成为母亲”可能只是文化和社会期待的副产品，“成为母亲”并非是或不完全是遵循自然；而那些分享真实经验的母亲，则被从家庭人际关系中切离。

母亲为了保护孩子而将她们的陈述包装成符合社会期望的样子，但这可能会阻碍孩子了解母亲作为一个人是怎样考虑、思索、评估、渴求、希望、梦想、记忆、哀叹、想象、欣赏及决定的。在这些方面，公众眼中、家人眼中及母亲自己眼中，母亲形象是没有脸孔的，或是往往隐藏着自己的脸孔，就如同露西·伊利格瑞精妙的描述：“你看着镜子里的自己。很快有了女儿，成为母亲。在这两个形象之中，哪个才是真正的你？你自己的空间在哪里？哪一个形象是你纯粹的自我？你该如何越过所有的面具，让自己真正的脸孔显露出来？”

因此，即使像索菲娅宣称“孩子们都知道”，或者像提尔纱说的“我还没跟孩子们谈过这些事，但我敢肯定他们能感觉出来”，但在大多数情况下，孩子们并不会直接听到或明确知道他们的母亲成为母亲的方式、原因和情况，也不会听到母亲的主观感受。如果母亲们不愿在未经过滤的情况下讲述她们的感受，我们永远无法更全面地理解她们。这对母亲们及社会来说代价可能一样高昂，意味着当女性顺应社会安排而对自己的经历保持沉默时，她同时被剥夺了以自己认为适合的方式进行回应的权利，无法成为自己知识的拥有者。

总之，到底何谓母亲的责任和权利？什么是她们对孩子的承诺？对自己的承诺？对两者未来的承诺？因为这个未来是未知的，因而也是无法掌控的。每个母亲都必须找到自己的方式来应对这些问题。无论是跟孩子谈论自己的后悔，还是自我消音；是同时作为一个体贴的旁观者陪伴孩子成长，还是告诉他们自己的想法。

这些问题和母亲所提供的各种答案，沿着一个不断试着改善女人、女孩、男孩的现实生活的轴线结合起来，并将保持开放。

第六章

“无法挽回的事，就只能顺其自然；覆水难收。”

——麦克白夫人

我可不敢苟同莎士比亚笔下的麦克白夫人所说的这段话。事情可能有转机，而母亲的苦难——在这个例子中——不应该被忽视。社会应该试着仔细理解这些后悔为人母的母亲所带来的更广泛的意义，因为每当一种新观念进入人类的生活中时，它告诉我们的不仅是这种观念本身，更关于人们常见的思考方式，那些我们通常不会注意到自己有多倚赖的想当然的概念。

后悔的母亲们以这种方式让我们的眼界更加开阔，这不仅和这些母亲的个人经验有关，而且也让我们明白，必须用更开阔的眼光去看待过去的社会观念及期待。这使我们能够认知到，如果社会对我们“不要回头看那些无可挽回的事”的要求会成为控制我们的工具，那么回顾过去便是必不可少的。如果我们不去观察历史与当前生活的联系，就无从想象事情会改变，或无法去努力实现那些改变：“我们需要先充分了解现在，才能想象未来；我们需要想象自己期望怎样的未来后，才能实现那个期望中的未来。”

后悔像个小仙女，引领母亲走过“变回没有子女的那个自己”的童话。这个小仙女带我们看到不同母亲的观点，使女性及母亲们能够抒发她们的内心所想。因此，这些参与研究的女性在谈到身为母亲的艰难后，并没有“但是”，而是打开一扇门，重新思考两个总是被人忽略的问题：一是，评价母亲身份的满意程度及其价值的关键只是环境吗？二是，如果我们将母亲身份视为一种人际关系而非一种角色的话，会怎样？

要探究这个问题，我们得先简短而概略地审视来自不同社群的母亲的权益。

帮助母亲的优缺点

自 20 世纪 80 年代以来，许多研究人员已经针对各个条件——国家、种族、性别、经济及健康背景——调查那些与孩子维持关系的女性，试图了解世界各地女性的权益。以儿童救援组织“救救孩子”（Save the Children）所进行的调查为例，它每年都会调查母亲的各项指数，调查结果建立在五个指标之上：母亲的死亡率、五岁以下儿童的死亡率、平均受教育时间、人均收入、女性参政率。在 2015 年调查的 179 个国家中，富裕国家和贫穷国家之间落差很大，排名前十的国家中，挪威居首，德国第八。根据“救救孩子”的组织负责人卡罗琳·迈尔斯（Carolyn Meyers）所述，这样的结果证明了经济福利是很重要的，虽然经济并不是唯一重要的因素，但为了改善母亲们的现实生活——她们的处境是责任越来越多，资源却越来越少——需要政治性的投资。

除了这种类型的跨国调查以外，女权主义作家为了建立起一个不会忽视低收入、单身、非白人、移民工人、移民母亲以及有精神疾病、身体残障或非异性恋的母亲的知识体系，也研究了各个西方国家中来自不同社会群体的母亲的权益。这些研究的目标之一，是为了指出性别和社会阶层之间的结构性联结。这里的意思是：贫困女性在日益增长。研究结果表明，几乎在每一个社会中，女性的贫困率都高于男性，个中原因在于劳动报酬的性别差异。而社会福利计划也未能减少女性的贫困率。研究也指出了单亲妈妈和她们的孩子更容易受到打击及陷入贫困，因此在单亲家庭中，单亲妈妈的情况较单亲爸爸更为不利。

各个研究不只是调查这些母亲的权益，为了减轻这些母亲的困难，调查结果也呼吁社会和国家进行迫切而必要的改变。例如说，在劳务划分方面，父亲也有必要参与儿童的照顾及社会化，如此，亲子关系就不会局限在过去的母子结构。此外还有税收优惠、经济住房的重要性，以及由体制补助支持的托育机构等。这些研究同时指出，必须改变母亲身份的社会性知觉，一方面使母亲不再被社会忽视，另一方面也要破除母亲神话，让母亲们被当作“人类”看待，而不是作为客体或神祇——这些观念阻碍了她们获得支援自己和孩子所需要的资源。

这些调查中的一个主要环节是广为人知的“角色冲突”，也就是说，在离家进行有偿工作及在家中进行无偿工作之间挣扎奋斗。

从中产阶级的白人女性开始投入有偿工作的职场时，这样的奋斗得到了更多的关注，而来自较低社会阶层和（或）非白人女性，和（或）来自共产主义和社会主义社群的女性，更倾向于兼任母亲身份与离家的有薪工作。在针对南部非裔女性、西南部墨西哥裔女性、加州和夏威夷日本裔女性的劳动力的历史研究中，会发现这些女性被视为廉价劳动力（尤其是在白人家庭中担任家庭佣工，或是在较低层次的服务业工作），而这些劳动的优先价值通常先于她们作为母亲的价值。她们不会被期待或允许做个全职妈妈，环境也无法允许她们有个能保护自己的私人避难所。女性必须在“公共”与“私人”领域之间忙得团团转，因为给家庭提供经济援助也包含在社会期待的母爱之中。

尽管随着更多女性投入有偿工作的职场，这样的奋斗得到了更多重视；尽管在西方国家（情况已经比其他国家好了），政府试图提供足够的托育服务及财政支持给那些来自不同社群的家庭；但对许多女性来说，这样的协助也仅能稍稍让她们喘口气而已。相反，许多女性身负的巨大压力——因为社会期待她们证明自己是“好母亲”，导致她们受到各种拘束，处境比以往更加艰难：

“我在家里时会一直收到办公室发给我的电子邮件。而当我在办公室时，则会为了一些事情耿耿于怀，例如，我没办法参加幼儿园举办的妈咪早餐会。”

以德国来说，经济、政治及社会整体似乎不只非常支持女性投入职场，也支持女性追求事业成功及——生孩子。社会期待女性同时兼任全职母亲和职业女性，不但要照顾好家庭生活，还要在工作上获得成功。这种“超级妈妈”的概念来自德国的宗教改革，若一个女人希望成为一个受人赞赏的基督徒模范，她必须是一个妻子与一个母亲。而从 21 世纪初开始，作为职业女性似乎也成为规定之一了。因此，来自不同社会群体的女性需要或希望离家工作，但同时她们也必须符合“超级职业女性”和“超级妈妈”的概念。她们发现自己在有偿工作和家中无偿工作之间疲于奔命，还要应付因为这些困境导致的磨难，以及随之而来的情感挣扎。

这样的冲突状态并不只发生在德国。欧盟进行的研究显示，2013 年，在二十五岁到四十九岁之间的母亲中，只有 68% 有工作。然而在没有孩子的女性中，这一比例为 77%。相较之下，父亲有工作的比例是 87%，没有家庭的单身男性有工作的比例是 78%。在德国，父亲有工作的比例是 93%——欧洲最高。而在德国，尽管母亲有工作的比例（73%）也高于欧洲平均水平，但她们大多数（66%）是从事兼职工作。另一方面，父亲从事兼职工作的却只有 6%。

尽管这些探究对许多母亲来说是值得欣喜且重要的，但一些女权主义作家指出，这些研究有时还是以固定不变的女性身份概念及母亲的行为举止为基础。即使我们使她免除社会施加的负荷，她依然还是母亲。例如，南希·科多洛（Nancy Chodorow）和苏珊·孔特拉托（Susan Contratto）提到："女权主义者质疑的是，这些研究认为，一个母亲不管在什么情况下都是完美的，哪怕是在男性占主导地位、婚姻中缺乏平等、欠缺资源和支持的情况下。也就是说，关于完美母亲的幻想还在延续：如果当前母亲受到的限制都能被消除，她们自然会知道怎样当一个好母亲。"

美国女权主义作家及活动家贝尔·胡克斯（bell hooks）也没放过这个："不幸的是，最近，积极的女权主义者侧重的母亲身份，在很大程度上依然借鉴了性别刻板印象。一些女权活动者像19世纪那些'崇拜家庭生活的美德'的男性和女性一样，将母亲浪漫化。（中略）他们将母亲浪漫化，采用和性别歧视者相同的术语，认为女性的天职就是养育生命，这些女权主义者巩固了男权至上主义的核心原则。"

这些作家接着指出：人们往往暗示，因为女性（无论她是谁）天生具备了能让其安于母亲身份的特性，社会需要做的就是确保她们不被那些不适当或不公义的条件所扰乱。通过这种方式，他们重申了适应母亲身份只是个条件问题而已。这种将母亲身份的满意程度与母亲的环境条件相联系的观点，可以在美国社会学家芭芭拉·卡茨·罗斯曼的文章中找到："我因为负担得起而能喜欢我的母亲身份，就各种意义上来说我都负担得起：我有着中产阶级的服务及环境，这样的条件使我能胜任母亲身份并喜爱它。而且我从不用独自育儿，孩子的父亲和祖父母、我的朋友都会伸出援手。我甚至能雇用帮手来帮忙，我雇用的女人一个星期来我家几个下午并照顾孩子。（中略）像我这样条件很好的女人完全能负担得起代价并从中享受身为母亲的乐趣。但对那些条件不佳的女性——贫穷、年轻、学历不高、少数族群或结合以上条件——来说，她们当妈妈的过程会痛苦不堪。”

照这样说的话，也许有人会问，如果有更多的家人支持和社会支持，或某种形式的政府补助，有没有可能让这些母亲不后悔？

最直接的答案可能会是，“是”：

> “在理想世界中，孩子所带来的负担可能不会沉重到让父母后悔的程度。而且承担压力的大部分是母亲。（中略）如果孩子由父母双方一起照顾，甚至是由整个村子共同照顾，那么负担（在这个例子中，是指孩子）可能会使人更容易忍受。”

然而我们的研究却表明，答案是多样化的。

为人母的满足感：仅仅取决于社会条件吗？

有一种自信的假设：后悔的根源是贫困，或者从另一方面来说，“似乎只有上层阶级的白人女性会后悔”。然而，事实证明这两种假设都是有问题的。本书提供的资料表明，每一个参与研究的女性，都在不同的条件下养育子女：有些人的孩子是婴儿，有些人的孩子已经是青少年，还有几位的孩子已经成年而她本人也已经当上祖母；有些人是贫穷的，有些人经济宽裕；有几位全天候照顾孩子，是孩子的主要照料者；其他例子中有几位很少参与育儿，因为孩子的父亲担任主要照料者；有几位一星期只看望自己的孩子几次，或是偶尔看望，因为孩子和父亲一块儿生活，或是已经独立且和父母分居——也许在另一个城市或国外。因此，尽管这些母亲的处境、条件和环境各自不同，但她们都后悔当妈妈。

这个结果可能反映了一个情况：即使某些条件可以减轻母亲的困境，但是母亲的艰困处境或当前社会的僵化要求，并不足以完全说明她们的痛苦以及对母亲身份缺乏满足感。正如女权主义学者安德烈娅·奥赖利（Andrea O'Reilly）指出：“（中略）虽然我坚信父权制所要求的母性正在压迫母亲，但就如我在写作本文时所说的，我认为母亲所受到的压迫并不能仅仅归纳为习俗和意识形态。即使没有压迫，母爱及母亲劳务仍然是十分艰巨的，不管是发生在父权体制内，父权体制外或是对抗父权体制，都是这样。增加母亲的自主性可以改善许多（甚至是大部分）母亲在父权制母性里遭遇的不利因素，但这并不能消除所有的困境。”

事实上，在参与研究的母亲中，有几位已经解决了那些使母亲困境更为艰难的条件，但她们并没有表示自己因此而不再后悔。她们每个人都定义了那些一直并且持续成为障碍的条件，然后将之归纳为三个基本条件：在母亲身份及有偿工作之间分身乏术、缺乏经济基础、缺乏来自配偶或环境的支持。

森妮（有四个孩子，两个介于五岁到十岁之间，两个介于十岁到十五岁之间）

森妮："我有几个朋友在生产完后回家，她们的母亲在她们家里或在自己家里陪她们度过一个月——总之她们有来自家人的支持，而这是我们最大的不同。（中略）这是一连串的事实：我没有任何援手，孩子是特殊儿童，而且我发现跟丈夫之间有些复杂的问题，因此跟他离婚，（中略）于是大部分的重担落在我头上。如果条件和现在不同的话，也许对我来说一切也会不同。但因为现在的种种情况，一切事情都压在我身上了。我自问：'该死的，为什么事情会这样？为什么我会这样？'（中略）在我这样的条件下养育孩子是最糟糕的情况了，如果我有个美满的家庭、正常的丈夫、足够的钱，我猜这一切就不会这么困难。看，我的家庭算是一团糟了。（中略）我听说有些单身的女人决定生小孩，而她们的家人会帮助养育孩子，我无法想象自己一个人做这件事，那简直是跳下悬崖。"

布伦达（有三个介于二十岁到二十五岁之间的孩子）

> 布伦达："我从他们六岁的时候就开始单独抚养他们了。而事实是，大多数情况下我是唯一养育他们的人，这把我的生活变成人间炼狱。我发现单独抚养孩子使我陷入贫困之中，而且贫困毫无疑问会紧抓着我，直到死去那一天。（中略）为了抚养孩子，我不得不在白天做好几份工作。等回家后，我整理、做饭、打扫，直到十一点。只有等他们上床睡觉后才有时间喝杯咖啡。我甚至没有时间和他们一起玩耍。我得不到任何帮助。"

森妮和布伦达都曾经和伴侣住在一起，但现在都已经离婚或分居了，成了单亲妈妈，要独自扛起家计，养家糊口。而且她们都是陪伴孩子长大的人，父亲只以某种形式存在于背景中。

值得注意的是，并非所有在这种条件下养育孩子的母亲都会后悔为人母，或是将生儿育女视为压迫。研究表明，低收入、单亲、非白人、非异性恋的母亲常常可以在为人母后从中得到力量来面对权力体系。这意味着母亲身份并非冲突的来源，仅仅只是她们在贫穷、种族歧视、仇视同性恋及性别歧视中挣扎求生的背景而已。例如，以色列社工和研究人员米哈尔·克罗默－尼沃（Michal Krumer-Nevo）正在研究贫困女性，她指出母亲身份在这些女性生命中的重要性，这些在生活中面临多方面排斥的女性在她的研究中如此声明：

"我的孩子是我活下去的唯一理由。(短暂的沉默)是孩子给了我力量，激励我出门工作，照顾他们。至少我还有人可以照顾，而不是有人照顾我，我需要的是去照顾其他人。"

尽管身为母亲对生活在贫困中的单亲妈妈来说可能是力量和安慰，但参与我研究的单亲妈妈却要同时在两条战线上奋斗：对她们来说，母亲身份无法解决她们的贫穷和财务困境，反而是她们痛苦的源头，是使她们陷入恶性循环的根源。

因此，换句话说，虽然许多单亲妈妈自孩子身上获得力量，并借此活下去——为了自己，也为了孩子——但是在我当前的研究中，母亲们描述了另一个不同的情感世界，对她们来说母亲身份并不是力量来源，反而使她们精疲力竭。

有些母亲，例如苏茜，不仅认为在有偿工作及无偿工作之间的奔波劳碌使自己心神不宁，还认为母亲身份本身就是个困扰。她们想花时间和资源在孩子以外的事物上，因而希望彻底排除这些困扰。

苏茜(有两个介于十五岁到二十岁之间的孩子)

苏茜："我喜欢我的工作，我对它的喜爱仅次于两个女儿，也就是说如果没有两个女儿的话，工作就是我的最爱了。而投注在女儿身上的精力就会被我投注在工作上，我确信自己会从中得到更多的满足感……因为它让我感到圆满，工作使我感到充实，我觉得那很有意思，直到八十岁以前我都会继续工作。”

除了试图为孩子提供基本需求并在恶劣的条件下生存之外，许多母亲因为某个更充分的理由而试图不让自己陷入困境：新自由主义和资本主义的完美精神，仿佛有所谓的“常态情况”“常态母亲”，而我们必须不断努力去实现它们。这些看法已经与完美母亲的形象捆绑在一起（就如我们在第二章看到的），而且也存在于“常态的”现代普遍观念中。这样的“常态”可能是不同社群的母亲们的共通点。

在 19 世纪，关于“常态”“基准”“平均”“非常态”“偏差”的概念已经进入欧洲，作为新创立的统计科学的一部分。而关于“一般人”（average men）的概念也已经诞生。在这个词诞生之前，人们已经在使用另一个词汇：“理想的”（ideal）。理想所呈现的是一个神话般的本质，与人类的身体相比，神的身体是完美的，因此理想的本质指的从来不是凡人。理想是不具体的，是人类无法达成的。后来产生了“一般人”这个词汇，“一般”代表着正确的做法，并成为一个自相矛盾的“可以实现的理想”，而这样的理想是常态。换句话说，由于这样的转变，社会假设人们可以且必须是“理想的常态”及“理想的一般”。

当人们开始关注这样的转变，也就是由“无法达成的理想”变成“可以实现的理想”，这往往会造成痛苦与挫折。特别是跟“常态环境”下的“常态母亲”有关时，女人甚至无法在这场奔向完美的竞赛中得到片刻歇息。此外，人们认为世界上有所谓的“为人母的理想条件”，但这对那些不满及不幸福的女性来说不过是个空想。据说是“常态”的现实生活中充满了孔隙，生活的怪诞和不完美使得理想条件无法实现。

在这种情况下，无论母亲多么努力试着达成并延续所谓的理想条件，无论她们达成了多少——至少我们可以这么说，生孩子就是在一个不完美的世界中豪赌一把：母亲创造出一个人类，而且一般而言，她们事先无从得知这个新生人类的本质，更不用说孩子可能会有额外的特殊需求。例如说，参与本研究的卡梅尔不止一次在访谈中提到这件事，在我问到她后悔为人母是否和她肩上特别困难的那副担子——她有个特别纤细敏感的孩子，他在这些年来一直有着社交障碍，而卡梅尔得当他的好妈妈——有关时，卡梅尔这么说：

> 卡梅尔（有一个介于十五岁到二十岁之间的孩子）
>
> 卡梅尔：“我是个要养活三口人的单亲妈妈——我得负担我的儿子伊多、他的女朋友和我自己的生活。而且我们养了一条像马一般大的狗，我是唯一的经济来源。我没有赡养费或其他收入，而且租了公寓，所以我所背负的经济重担就不那么让人意外了。我做了很多工作来使收支平衡，那可真是不少工作。（中略）”
>
> 我：“（中略）你一开始说，伊多是怎样的孩子？”
>
> 卡梅尔：“他很纤细敏感，但这不是重点。这么说吧，我并不确定这有关系。诚实地讲——和养育一个普通孩子相比，养育一个有特殊需求的孩子、一个问

题儿童是艰难的，无论他或她是在社交上、个人方面上、行为上、行动上或其他什么方面有问题。伊多并不是一个普通的孩子，他是特殊儿童，这代表他无法适应常规的学校体制，他甚至无法适应一般的幼儿园。他有非常严重的社交障碍，在十七岁的时候情况才开始改变，哦，是的，他是个很聪明的孩子，在这类孩子中这种情况很常见。他很敏感，养育这样的孩子比养育自己能料理好一切的孩子更难。（中略）这么说吧，如果抚养他不是这么沉重的事，而且他没有这些问题（但他其实是有好些问题的），那么情况可能会轻松一些，事情可能会不一样。我不知道，这很难说，这真的很难说。”

此外，女性的生活环境可能会随着时间——想成为母亲时、真正成为母亲时，或成为母亲后——改变，女性可能会发现她所预期的现实和实际状况是存在着落差的。在这种情况下，女性可能会面临一连串事件，诸如配偶死亡、破产、疾病及意外事故，使得她们进入一个连一秒前的事情都无法预测的全新世界。而有时她们会意外迎来新生命，女性在恋爱关系或伴侣关系中怀孕，但在之后因为分手和离婚而成为单亲妈妈。有个后悔成为母亲的瑞典女性因为这种令人心碎的变化而痛苦地说：

“自从怀孕之后，我就一直思索这些人们所忌讳的话题，一切都太快了，我爱上一个男人，在短时间内怀了孕，但在几星期后我就领悟了：我没办法跟这个男人一起生活，希望能够在怀孕早期进行药物流产，因此我决定不进行人工流产手术。但同时我非常不快乐，因为我意识到为人父母将会使我永远和那个男人联系在一块儿。当我知道自己必须负起为人父母的责任时，我很害怕，害怕受到束缚并变得不自由。（中略）在此之前我还怀孕过一次，而我和孩子的父亲分手了，当时我觉得我的人生已经彻底结束了。”

除了那些没有伴侣（至少能够分担育儿任务）的母亲以外，那些和伴侣一起生活的母亲也未必过得比较好。当伴侣体会到期望与现实的差异，从浪漫的情人转变为父亲时，可能会显露出他的个人特质，或是结构上的性别分工都可能使她们陷入困境。

埃丽卡（有四个介于三十岁到四十岁之间的孩子，她已经当上祖母）

埃丽卡：“人们总问我：‘你有工作吗？’而我回答：‘不，我整天都在弹钢琴。’我当然有在工作！在哪里？在家里！我在家里工作得像条狗，这份工作可没有底线，如果他肯帮忙的话，事情可能就完全不同了。”

森妮（有四个孩子，两个介于五岁到十岁之间，

两个介于十岁到十五岁之间）

森妮："在我有第三个孩子之前就已经对这一切强烈反感，我意识到这一切全部都压在我肩头上，而他几乎没做什么事。他回避该做的事情，然后我问我自己：'上帝啊，为什么我会落到这个下场？'

"（中略）问题在于我们一直都要独立作战，而且社会期待我们去外头工作、在家里工作，随时都要当个女强人，但同时却没有人会用同样的标准去要求男人，这实在是不正常又荒谬。

"（中略）我总是说，现代生活对女性毫无助益，因为在现代社会，男人谈不上是真正的伴侣。在这些情况下，他们提供'协助'（森妮用冷嘲热讽的语调说了这个词）——谁需要这种'协助'啊？对不起！所谓的伴侣关系应该是完整的合作关系，不然根本不算数，如果一个男人没有办法全心承诺的话，那我要奉劝女人在任何情况下都不要当妈妈。"

到目前为止，我们谈到了那些让母亲处境更艰难的环境条件，但即使排除了这些条件，也不见得能消除这些母亲的后悔。而对其他母亲来说，为人母本身就是令人无法容忍的，有人将"母亲"描述为一个完全不属于自身的存在。

斯凯（有三个孩子，两个介于十五岁到二十岁之间，一个介于二十岁到二十五岁之间）

> 斯凯：“我真的觉得这（当妈妈）很难，我没办法扮演那个角色、履行我的职责，我没办法乐在其中。要我说的话，为什么我要为此受苦呢？也许我可以享受它？但我甚至没办法想象享受为人母是怎么一回事，我没办法想象什么叫作享受花时间陪伴孩子，我对那个一点耐心都没有。”

> 提尔纱（有两个介于三十岁到四十岁之间的孩子，她已经当上祖母）
>
> 提尔纱：“我的时间不太够，但主要还是因为我并不想成为母亲，那对我来说太古怪了，即使是孩子喊我‘妈’时，我还是觉得古怪。直到今天，当我听到有人喊妈妈，我会四顾周围看到底是谁在喊。我没办法把母亲联结到相关的概念、位置、含义及……责任和承诺上。我不觉得自己会是母亲，主要原因是这个。”

“母亲身份本身对女性来说可能就是无法容忍的”，这个看法经常被社会大众视为不可能，因为社会大众往往认为：为人母就是女性存在的理由。这样的怀疑导致公众产生的反应之一是，认为母亲的后悔源自她们要在母亲职务和工作之间疲于奔命。而在社会的论战中，这个假设有着更广阔的背景。在社会的集体想象中，“为人母”和“离家工作”是女性仅有的两个选项：你不是当个妈妈，就是成为职业女性。

但现实情况可能有所不同。

在先前的研究中，我访问过那些不想成为母亲的女性，那些“希望有所建树”的女性尽可能地避免当母亲，她们许多人从青少年时就知道自己不想生养孩子。因此那些不想为人母的认知和公众所谈论的“在公私领域间疲于奔命”并不一定相关，她们的不愿意要来得更早。

其他女性表示她们工作“只是”因为需要谋生，而非渴望成为职业女性。但她们说，不想为人母的确使她们从人生中被解放出来而成为职业女性。例如，我们在以色列网络论坛“不想生孩子的女人”上可以观察到几个人这么说：

> “我想要工作（而不是整天在家里坐着），而且我也需要工作（为了我的人生），但我并不向往职业生涯。对我来说，在工作时间之外从事许多活动是很重要的，从这点来看，即使我将爱好变成职业，我还是会在休闲时间中找到其他爱好。”

> “这真是太气人了，我发现每个人都假设，不想为人父母的人，生活的重心要么就是寻求更高的职场发展，要么就是不受约束的享乐主义。但只要看看这个论坛就知道那些看法是不正确的，在这里占多数的主题可是音乐、哲学和志愿服务啊！”

> “人们总是谈论职场和孩子间的两难选择，但也许有些人是两者都不要的。（中略）也许有些人工作谋生

> 是为了让自己继续做喜欢的事情，但是他们并不想发展职业生涯，至少我个人对那个一点兴趣都没有。”

一份关于加拿大男女的研究中也提到类似的观察结果，研究者探究那些不想为人父母的男女：“和那些认为没有孩子的双薪家庭对职场有着热情和敬业精神的假设相反，有些受访者认为他们安于没有孩子的现况，而这不是因为没有子女使他们能无后顾之忧地追求职涯发展，而是因为这使他们不必在职场求升迁。”

社会认为“为人母”和“职业女性”是女性仅有的两个选项，并同时假设没有其他原因会让女性不想当母亲。这样的假设抹杀了女性特质的多样性：女性可远远不止是“当个完美女人”或是“想要跟男人一样”。这个关于“女人要不是想生养小孩，就是想在公共领域发展”的假设，扼制了许多两者都不想要的女性；而且不只是压迫到这样的女性，也压迫到那些想要留在家中好好抚育孩子的女性。她们可能会被视为“自我放弃的女人”,仿佛只有当她们展现“真正的成就”时，公众才会认为她们有个有意义的人生。

父权制（将女性推向为人母之路）和资本主义（也就是“自由市场”的精神，要求不断进步）的交错，再次创造了一个二元选项的情况：既不给女性留下任何空间去考虑自己的出路，也不让其他人有任何空间去考虑女性的处境。人们应该去发掘自己人生的意义，非关母亲身份或职场生涯，也不用判断社会所说的意义是否存在。

关于母亲、非母亲与条件问题，人们常说这些条件压迫了女性，使得女性不想成为母亲，这些条件就是一种压迫性的结构。为了说明这个观点，我们可以引用美国记者和作家安娜莉·纳威兹（Annalee Newitz）文章中的例子。纳威兹曾经撰文谈到杀婴案对大众的吸引力，有意思的是，纳威兹声称当大众的注意力集中在这些杀婴案时，实际上更多有关的是传统看法对母亲的扼杀，因为这些看法使得母亲窒息。纳威兹不是个母亲，她声明她愿意在一个不同的社会现实里养育孩子。在那个现实里，让人窒息的因子已经被排除了："如果我住在一个由公众集体来抚养孩子的地方，孩子有许多慈爱的父母，而不是只有一个或两个，我会为照顾幼儿而感到荣幸与喜悦。而如果照料孩子被视为一种劳动形式，而非某种涉及'宝贵时光'的下班后的业余爱好，我会觉得养儿育女是更有吸引力的事情。然而，就我所知的'育儿'，是让我完全无法接受的。那是一件往往推在女性身上的苦差事，而且女性应该'自然地'爱上这个负担，但她们鲜少因此得到任何重要的社会尊重或回报。所以，当各种性取向的男人和女人都能以受人尊敬和共同的方式养育子女时，我才会放下我的狂躁愤怒，扔掉真实犯罪的书本，并帮助他们给孩子换尿布。在那之前，我不想当个妈。"

纳威兹这番话显示有许多女性不想在某些条件下当母亲，但是当条件改变时，她们可能会考虑。然而其他女性并不认为环境条件是导致她们不愿当母亲的原因。在我先前的研究中，多数参与调查的女性提到，即使她们是地球上最富有的女人，而且能够得到所有养育孩子时需要的协助，她们也不想生养孩子，因为她们就是不想当妈妈。

我在2012年于网络论坛“不想生孩子的女人”上进行的调查也得到类似的结果——即便在“整个村庄一起养育一个孩子”的情况下，或是在纳威兹所提到的条件下——大多数受访者表示，任何让她们愿意当妈妈的条件都不存在。换句话说，在任何条件下她们都不愿意为人母，下面是论坛中的参与者所表达的内容：

> “你的真实自我就沉睡在你的内心深处，而当你不想做某件事时，就算没有什么明显的理由，你都不会想去做的。不管是整个村庄一起帮你养孩子，或是整个欧陆的人跟你一起养孩子，都不会影响你的想法。当你强烈地感到不情愿时，甚至不需要文字说明或定义解释，那都无关紧要，真的无关紧要。”

> “我不想生孩子的理由并不是因为照顾他们很辛苦，我就只是单纯地不情愿，就这样。我想知道，如果是别人生了他们，如果怀孕和分娩是轻松愉快的，情况是否有所不同——但我仍然认为我不想要孩子。即使在我所生活的世界有其他人会帮忙抚养孩子，不需要我亲自抚养，也不会改变我不想要孩子的事实：我不想要孩子，因为我并不渴望也没有冲动想要有孩子。”

德国记者和作家萨拉·迪尔也描述了这些坚定的认知。她指出不想为人母不一定是艰困环境下的结果，这个理由应该是更多样且因人而异的。而且有些人从一开始就缺乏养儿育女的意愿，她们根本不想当母亲。或者像美国女权主义作家戴安娜·蒂金斯·迈耶斯在分析女性在自主情况下成为母亲的案例时提到的："我们不能忘记有些女性不论在什么情况下，她们就是不想要孩子或不想加入共同抚育孩子的行列。"

这些不希望成为母亲的母亲及不希望成为母亲的女性，在我们将两方声明交叉引用时，让我们重新思考那些普遍的假设——那些认为女性会渴望成为母亲，或是支持系统能够给女性带来更有利的条件，帮助女性顺利适应为人母的假设。

更准确的说法是，这些假设和实情不符。矛盾在于：如果社会给某些女性提供支持，并让她们处在适当的条件下，不必在贫穷、孤独、社会制裁及竞争下养育孩子，她们的生活会变得更好。但也有些女性不想要孩子的原因跟这些条件无关，即使她们已经拥有那些条件，却仍然希望避免成为母亲或希望撤销成为母亲的既定事实。

作为人的母亲，作为关系的母育

依据以色列社会学家伊娃·易洛思的论述，在过去几十年里，家庭已经成为一个追求平衡效率的舞台（类似职场上追求效率那样）。同时，情绪语言也开始进入职场中，这样的合并导致了易洛思所说的“情绪资本主义”。其中的亲密关系可以量化并通过统计方法测定，因此家庭也有了商业特性。

在这种状况下，由于母亲本身为了符合“好妈妈”的概念，经常彻底而明确地拒绝竞争力、个人主义及非个人关系等逻辑，后悔为人母的情感态度可能会被视为在这种亲密关系中计算成本，以及从儿童的牺牲中获益。因此，那些后悔的女人往往会受到抨击，因为她们被视为冷血的女人，由于超理性而后悔，而这种超理性本应只存在于“公共领域”中。

然而就如同前文所提到的，母亲们也会进行情绪上和现实上的评估，也许自古以来就是如此，而她们心中的天秤和最后的决定会随着社会和历史背景改变。例如有些学者指称，在宗教戒律仍占主导地位的12世纪——那是个会将虔诚的女性视为应该受到景仰的英雄甚至殉道者的年代——某些母亲也会斟酌她们在家庭及宗教价值间摆荡的感受、需求和欲望，而且这最终可能导致她们离开自己的家和孩子进入修道院。

另一个说明家庭和父母身份平衡效率的例子（即使是在资本主义兴起之前）是，社会学家发现在中世纪时，生育孩子和抚育孩子本身就存在着矛盾。除了宗教赞美生育以外，也有文献谈到生儿育女的政治层面（关乎两代间的继承问题）和经济层面（需要劳动力）。我们可以在那个年代的宗教文献和世俗文献中看到，家庭备受质疑，不仅是在个人层面上，也在献身宗教及获取知识理性的层面上。其中一个我们可以在文献中找到的看法是，生儿育女是“来自上天的惩罚”——有时是带着讽刺意味或幽默感——因为孩子是麻烦、恼怒、财务负担和痛苦的来源。

这是其中一个被记录下来的故事:“在一个民间道德故事中，国王问智者，人是否该爱自己的孩子。智者回答，首先人应该爱上帝，然后是自己，再之后才是孩子。智者之后继续说，一个爱孩子、爱‘亲生骨肉’比爱自己更多的人，会投资他的生命和财富在孩子的命运和成长上，而不是用来救赎自己的灵魂。”

12 世纪的僧侣彼得·阿伯拉尔（Peter Abelard）在他写给心爱的埃洛伊丝（Eloise）的信中这样提道:“孩子和保姆、书桌和摇篮、书本或桌子和纺纱杆、笔或唱针和纺轴，它们之间哪会有什么和谐？谁能够在婴儿的哭声和保姆安慰孩子唱的摇篮曲，以及所有在屋子里面进出的男女喧闹声的背景下，还专注在经文和哲学思想上？他能够忍耐小孩子们持续带到屋里的混乱和污浊吗？”

不管我们是否承认，将为人母和养育孩子等事放上心中的天秤，这在今日来说还是很寻常的。那些称颂母亲身份会是有价值的人说，女人会从母亲身份中受益（这个说法持续被用以劝说女人生养孩子）。这个说法一直都建立在功利主义的逻辑上，但是这种功利主义的论述常常被光明正大地包装为“自然”，尤其是当天秤已经倾向为人母的方向时。下面是一篇针对我在报纸专栏上有关后悔当妈妈的文章的回复，这篇文章是个很好的例子，可以用来说明怎样的功利主义计算不会引发批判。

“我个人的见解……

“他们是嘈杂和恼人的，他们几乎花掉你‘所有的’工资，第一年里你几乎不能入睡，完全没办法拥有一些个人时间出门——完全是‘幼儿看护大作战’。当我在工作上打呵欠时，我羡慕单身的同事——她们是待会儿下班回家，而我是下班回家进行第二轮班。如果要把孩子带来的缺点列出来的话，那张单子将长到看不完！

“但是——我非常爱他们，我为他们的亲吻/拥抱、感情、欢笑和我们对对方的爱而着迷！

“抚养他们真的非常非常痛苦（是的，也许我是有点自私），但在痛苦和后悔之间，我想还是有非常大的差距的！”

换句话说，只有在天秤的方向倒向似乎违反母性的情感规则时，功利主义式的评估和计算才会完全暴露出来并受到谴责。而在后悔这方面，当母亲们重新评估母亲身份的缺点和优点时，她们发现自己找不到后者。

正因如此，我，如同在第三章中做的那样，发起了一个关于母亲身份优缺点的讨论。在很大程度上，这些母亲在访谈中说明后悔对她们来说代表什么时，会提到这些评估。

埃丽卡（有四个介于三十岁到四十岁之间的孩子，她已经当上祖母）

> 埃丽卡："我为了他们而放弃了我的人生，从今日看来，我认为（其实我不是只有今天这样想，在这之前就已经是了）当个妈妈是令人不快的。和孩子们在一起很美好，但要说我和他们在一起时就是世界上最快乐的人？那是谎言和欺骗！谎言和欺骗！（中略）我在世界上找不到什么要生孩子的理由，我受到的苦难太多且痛苦太深，而我只有在晚年时才能舒缓，就是这样。"

访谈期间，她们没有独立针对母亲身份进行功利性的评估，我特意为此设立话题：在面对"私人领域"的家庭和母亲身份的优劣计算时，整个历史都忽视了私人领域的功利主义，我想看看得失报酬如何影响母亲（作为人类、作为主体，能够思考、感受、评估、想象、评价和决定）的看法。

在现今社会中，将母亲视为主体并不常见。因为过去几十年母亲总是被视为一个角色，处于以孩子为主体的背景中。母亲在其中只是客体，是一个为了他人奉献的独立变项，而不是人。

根据为了母亲权利而奋斗的美国社会运动者朱迪丝·史塔曼·塔克（Judith Stadtman Tucker）的启发，我们将作为角色的母亲和作为人际关系的母亲区分开来。当我们把母亲视为亲属关系而非一个角色、一份责任或一个工作时，这就允许了多种母亲情境存在，涵盖复杂多变的母亲人生。只要母亲仍被视为一个角色，那么唯一的母亲情境就会围绕着功能，母亲被作为“完美母亲”——或者实际上是“理想员工”——看待，更接近一份结果导向的工作。儿童就如一块干净的手写板，让母亲在上头刻画成功或失败的线条。

将母亲身份视为一种人际关系，能够使我们将之认知为两个个体间的联结——保持关系的特定个体间的联系，而且这样的联系是动态及可变的——这样的概念能够让我们抛开过去希望每个母亲在和孩子相处时都有同样感受的方式（可以不再是慈母、伟大母亲那样的绝对形象）。我们可以将母亲视为人类经验的光谱之一，而非一种将之绑在责任上的单方面联结，继而影响她们的人生。如此一来，我们就能这样看待和母亲相关的人类情感光谱：从深深的爱，到深深的矛盾心理，以及，是的，后悔。

因此，既然后悔这种人类的情感态度包括由受试者进行的比较、评估和决定——那么也怪不得许多参与研究的母亲会积极评估她们主观上认为的母亲身份的优缺点了。

如果我们确实意识到母亲作为主体会涉及这样的比较和估算，而且她们并不属于“公共领域”，那么我们就可以深刻体会所谓“社会期望”背后更广泛的含义——就是让母亲不能做出这样的比较和评估。换句话说，利用公众对于后悔的反应来作为可怕的合理手段，剥夺母亲谈论她们的经验与亲密关系的权利。为了其他人的利益，她们一次又一次被视为客体，甚至没办法停下一分钟来评估自己的状态，因为这样会使社会害怕——社会仰赖着被视为客体的母亲——害怕她们不像原本那样留在现况中。

在女性的人生中（特别是在母亲的范畴内），无法进行成本效益估算，这样的社会期望和剥夺是危险的。我们无法在社会脉络下了解她们，即使是在自己的家庭中，母亲和自我仍是疏离的，家庭对女性来说成了疏离的地方——并非因为她们的想法和感受，而是因为她们不被允许思考和感受。而且，是的，她们也无法评估自身的状态。

后悔的母亲们象征着一个契机，阐明了我们必须重新思考“让理性留在家门外”的社会呼吁是否必要，不只是因为那样的呼吁会导致其他错误结论——比如说，为人母不可能是个错误——更因为那样的呼吁本身就是错的。

提尔纱的话深刻地描述了生育观念承载了怎样的功利主义逻辑，而后悔又是如何揭发了这个事实，这段话可以作为一切的总结：

> “告诉我们的孩子，我们为何后悔，以及我们为了生养他们而付出的代价，是很重要的。因为社会使我们相信如果不这么做，人生将会是不完整的，我们将无法成为这个社会的一部分。而我们的社会也是这样看待不生育和不打算领养孩子的人的——他们的人生浪费而多余。我们当然‘为他们感到惋惜’，但在内心深处，我们羡慕他们自由、毫无负担的人生，他们不必放弃和牺牲自己的人生。
>
> “（中略）我不知道要如何将这样的信息传递出去，也不知道要用怎样的方式才对。去写出来、说出来，

在电视节目中说出来，在广播电台上说出来，去将它作为教育的一部分，去谈论这些神圣不可侵犯的事物，洗刷污泥后将之公开在光天化日之下。让这些事、这些禁忌、这些秘密、这些黑暗都呈现在所有女性眼前。”

结 语

当我随着那句愤怒的预言“你会后悔的！”踏上探索之旅时，从没想过会抵达什么地方。我以为参与研究的母亲的说法能够帮助我们理解母亲和养育孩子，但突然间我发现我踏入了环绕着我们的另一个领域之中。在那里，我们认为情感沿着时间轴前进，认为时间流逝、覆水难收，我们只能选择性地遗忘。当接触了后悔的母亲们后，我看到情感规则和记忆规范已成为材料，即使从一开始我就知道这些规范是受到社会文化影响而成的。现在更清楚的是，它们是引导女性成为母亲的核心社会机制之一，社会向女性保证：她们肯定不会在为母之路上感到愤怒或后悔。

因此，如果我们将为人母视为不可后悔的情况（尽管所有的人际关系都可能有后悔相伴，尽管我们可能会对自己下的所有决定后悔），那么我们就不会想到，为了维持社会秩序，为了让那些从中受益的人更加方便，社会是怎样利用或忽略那些情感规则和那些牢固的概念。当人们相信女性不会因为当妈妈而后悔，或人们对后悔的妈妈感到愤怒时，他们实际上是在说“母亲们会回顾并评估成为母亲是否值得”的想法真是太危险了。我想这种反应并不令人意外，因为许多女性，特别是母亲，一直被要求把自己放在一旁然后遗忘。也许我们应该重新想想，为什么如果女性记得并提及她们自身的感受，就会引起人们的愤怒。

这种对后悔母亲的不信任和愤怒，是因为人们认为分娩和养育子女是神圣的，而且人们相信成为母亲是女性人生中最美妙的事情（尽管他们也知道那并不是什么花团锦簇的玫瑰园）。但不只是这个原因。新自由主义和资本主义也是导致人们不信任后悔母亲，并对此愤怒的原因。因为这种社会崇尚进步精神，并且推动我们每一天都必须自强不息及成长。基于这种精神，人们的集体观念是，时间的流逝最终且必然会使女性安于母亲身份，否则她们就该因为不符合社会集体一厢情愿的想法（为母之路最终走向快乐结局）而受到惩罚。

另一个愤怒的来源是我们对待后悔的性别化的方式：热烈的情感或冷静的计算思维。当我们将后悔视为热烈的情感时，后悔的母亲会受到抨击，因为她们被视为危险的、情绪化的女性，无法控制感情，无法克制她们毫无作用的悲叹："如果社会要描绘一幅后悔的肖像，那么我想象她（恐怕这个形象不可避免地会是女性）是一个有着黏腻头发、柔弱无骨气的女人，沉浸在过去之中。”当我们将后悔视为冷静的计算思维时，那这些母亲则会被视为冷血的女人而受到抨击。因为社会认为由于超理性而导致的后悔只存在于男性及“公共领域”中。无论是哪种方式，这些女性都被困住了。社会没有给不想当母亲的女性留下空间，她们无法不被贴标签——想模仿男人的荒谬的女人，或者应当从公众世界中放逐出去的有病的女人。

此外，愤怒也来自担忧允许母亲表达后悔会对孩子造成伤害。这种担心并未脱离现实，因为我目睹了采访的女性透露出的痛苦，以及她们对孩子可能会知道她们的想法或感受的深度担忧。

那么，为什么我们还要去谈这些母亲的后悔？这有什么用吗？

我不止一次因为坚持探究这个议题而遭到指责，理由是，我本身就是一个不希望成为母亲的女人。在指控者眼中，我试图通过这样的探究来证实成为母亲对女人是不好的，并且想通过赞颂后悔而说服其他女人不当妈妈，借以合理化我自己对为人母的不乐意。

这真是一个非常扭曲的联结，对我而言，我不愿意成为母亲从来不是问题（即使在社会认为这是问题时，我还是觉得这对我来说不是个需要解决的问题）。我不是要歌颂母亲的后悔，也不是为了减少孩子的出生或贬低那些满心希望成为母亲的女性——因为在这些案例中我是亲母亲派，我不认为我有权利去操纵别的女人怎么生活并假设我懂的比她们多。这种傲慢的“我才懂”会让我跟父权制完全一样，自命不凡地说着“以女性的名义”和“这样对女性才好”。

我是一个女人，一位母亲的女儿，一位社会学家，一位女权主义者，我相信问题应该是反过来看的：让这些后悔的母亲保持沉默会带来怎样的后果？假装这些母亲的后悔不存在，那么是谁要付出代价？

本书坚持认为，付出代价的是那些不想当妈妈的女性、是那些不想或确实想当妈妈的母亲，以及孩子们。因为所有这些人都承受着社会秩序的实际后果，而这样的社会秩序使他们、使我们成为各种安排的承担者，那些安排肯定说的是对大家都好的话，但往往是对其他人好，对我们自己不好。

作为一个女人，作为三个外甥女的阿姨，作为一个社会学家，作为一个女权主义者，我相信我们必须让更多女性有选择权，确保更多女性有机会主宰自己的身体、决策和人生。事实上，现在这些不想为人母的女性仍然被贴标签、遭受谴责及惩罚，这显示了所谓的选择权其实并不真的存在。

坚持谈论后悔的深刻含义也展现在另一个层面上：参与研究的女性视之为自身的凭证。她们之中的一些人甚至要求我在见面一年、两年或者三年后，寄送访谈记录给她们，以便她们能够了解自己并从中勾勒出精神和情感的蓝图。她们告诉我，当她们经过一段时间重新去看这些记录时，这些访谈内容给了她们很大的帮助。此外，我和其中一些母亲在往后几年里有书信往来，她们中的许多人在描述这个研究时，反复提到这个研究“提供了一个平台”，让她们能够表达自我，使她们的话得到发表、倾听、阅读，从而使人们最终会倾听和思考。

森妮在结束谈话时这样告诉我：

> “我得在情绪上做好准备，知道我要开诚布公地谈论它，然后……然后它钻入我身后的狭缝中，我马上隐藏起这件事，然后继续前进。我并不会每天提到这件事。当我跟亲近的人谈论这件事时，我试着不要谈得太深入，因为这很痛、很痛，我一次又一次地处理我身上的伤口，就像我处理其他痛苦一样。
>
> “我可以跟你谈这个问题。当我想到要跟你谈这个时我觉得很有趣——因为我要谈论的主题完全是个禁忌，而我要如我想要的那样公开和自由地谈论这件事。这就像我要去接受心理治疗一样。对其他人来说这是连说都不可说的可怕话题，但在这里我可以畅所欲言。我真的很喜欢这样。另一件事是，我肯定这可以拯救其他人——所以对我来说是值得的。今天，我带着愉快的心情离开这里。我知道我帮助了其他女性，我也知道我放下了。我觉得这样真的很好。”

这给我们所有人——参与研究的人、读者及研究者——的启示是，当我们试着建立一个批判性的社会学去探讨一个带着纠结、痛楚和伤口的议题，处理它们时可能会为当事人带来痛苦。但从另一方面来说，避谈这个问题可能会使我们无法理解这个世界，继而无法带来改变，就如森妮所说的，这就是母亲们要参与这个研究的理由之一。

这本书仅仅只是个开始，我相信这个主题还需要扩展到其他领域，因为在本书中我们并未深入谈论后悔的母亲是怎样困在新自由主义的“选择”里面，正是这些“选择”将女性推入“成为母亲的轨道”（“你得当妈妈，否则……”）中，并同时让那些说客去对付那些已经成为母亲的女人（“这是你的选择！面对它！”）。

此外，仔细检视这样的压迫，可以帮助我们理解社会逻辑下的“责任”：在法律领域中，承认后悔是对自己的行为负责的证据，但谈到养育孩子和母亲身份时，后悔却被视为放弃承担责任。在法律方面，后悔展现了一个人的理性和道德立场，但在母亲身份的领域中，后悔却被视为缺乏理智和不道德。我并不是在说后悔犯了罪（一种违反社会秩序的行为）和后悔为人母（一种实现社会秩序的行为）是一样的。然而就如同受访者提尔纱所说的：“你不能，你就是不能这么做，你不能就这样说——哇！我做了错误的决定。”这也许能让我们去思考，后悔是怎样变成一种紧随着不愿为人母的女性的情感道德责任；因为要考量到这会造成的社会影响，这样的责任已经超越了“私人领域”。因此，我们不能再把这些后悔的女性想成是只考虑到自己的、自私又不道德的女人。在审视这些母亲的后悔时，我们可以了解女人被控制到只能去留意“自己的事”（也就是她们都将成为母亲并只关心自己的孩子），这种情况可能会助长不道德。正如美国女权主义作家及活动者埃伦·佩克（Ellen Peck）曾经指出的：“我们文化中的利己主义鼓励着自家庭起始的慈爱观念，看看那些高尚的俗语，诸如‘你的孩子是你的责任’‘家庭至上’等。家庭最后成了一块名副其实的海绵，吸尽了一切本来可以传递到外界的关爱。（中略）婴儿和孩童，特别是自己亲生的，会让我们忽略社群整体，还消除我们的自我价值（self-value），使我们忽视作为成年男性和成年女性的自我价值。”

现在的开始是为了进一步的未来。

所以我写了这本书。

通过回头去看那些被冷落在一旁的女性和母亲们，同时去探究所谓母亲的情感规则禁止了什么，会发现我们面临的情感轨迹，远比许多人认为理所当然的单一路径要复杂得多。我们倾听在这项研究中（及之后）的女性诉说，描绘出许多不同的路径和路线图，而这并不只和那些后悔为人母的女性相关，这也关乎那些不想为人母的女性及已经是母亲的女性。通过这样的方式，我们能描绘出其他可能的道路，在这些道路上，女性能够暂停、踱步、徘徊、转弯及漫步。

我们必须去铺设这样的道路。我们女性需要把世界掌握在我们手中，而不是随波逐流。我们女性需要主宰自己的身体和人生，也需要主宰自己的思想、感受和想象力。没有这些，就不会有补救的办法。

作者致谢

如果没有支持本书的女性、男性和相关单位，以及我自己，《成为母亲的选择》就无法成书。

首先，也是最重要的，我要感谢你们——巴莉、布伦达、卡梅尔、夏洛特、德布拉、多琳、伊迪丝、埃丽卡、格蕾丝、杰姬、海伦、贾丝明、莉兹、马娅、娜奥米、尼娜、欧德雅、罗丝、斯凯、索菲娅、森妮、苏茜和提尔纱——谢谢这些参与本研究的女性。在我们这样的社会氛围下，不能也不该把你们的信任视为理所当然。这本书是献给你们的。

玛格丽特·崔宾－普拉斯（Margret Trebbe-Plath）让一切变得不一样。谢谢你帮我们搭起了语言、国家及人类心灵之间的桥梁。我觉得自己非常幸福，因为我没法找到比这个对文字更加敏感而睿智的创意团队了。

布利塔·伊格特米尔和诺斯出版社的所有职业女性——谢谢你们陪我走上这条路。你们的奉献让我们女性及母亲们不再保持缄默。

感谢我在以色列特拉维夫大学社会学及人类学系博士生时期的指导教授汉娜·赫尔佐格（Hanna Herzog）教授及哈伊姆·哈山（Haim Hazan）教授，他们信任我的能力并让我进行这个研究，同时还在我脚下织了一张我所需要的很棒的安全网。

本研究仰赖以色列特拉维夫大学的卓越总理奖学金及特拉维夫大学社会及人类学系博士研究乔纳森·夏皮拉奖学金才得以完成，我要感谢他们的慷慨与信任。同时我也感谢本－古里安大学性别研究所的研究人员，他们为我照亮了我所走的路。

我要感谢我的家人在这些年、这些周末和假日里的每一天为我付出的耐心。如果不是你们用爱和关怀等待着我自写作的阴影中回到你们身边，我可能更难以沉潜其中。

而对于你，我所爱之人，让我为了你的支持而致上深深的谢意。